WEALTH

天窗出版

智取 2 筍盤

升值地段大發現

脫苦海　著

目錄

第三章：

九龍東 由工業轉型商住

第四章：

新界東 新舊規劃決定尋盤策略

第七章：

新界北 邊境經濟日漸減弱

第八章：

大嶼北 深具發展潛力

自序

香港樓市長期上升，幾乎所有區分均有可觀的升幅，導致坊間認為只要買入物業就能賺大錢，甚至將這經驗推廣到其他地產市場，以致在內地或海外有損手的個案。而即使在香港，買錯物業、揀錯區分也可以大大地影響投資回報，例如買入劏場或投資於長期表現疲弱的地段，本書就是探討和分享怎樣找尋跑贏大市的物業。

本書透過分析香港各區現時和未來經濟地租的表現，推測未來樓市各區個別發展的走勢，從而找出跑贏大市的地段及物業。前作《智取筍盤——68個樓市大勢關鍵詞》旨在釐清一些地產名詞和理論，本書則是理論的應用和實踐，建構分析樓市的理論框架，亦指出應該投資哪些具發展潛力的物業。

筆者曾經在不同的場合詢問朋友及讀者，為何香港樓價長升長有？多數都有人能指出是因為供應短缺、量化寬鬆、息率低企等原因，可是還有兩大因素經常被忽略：交通基建和產業提升。這兩個因素之所以更形重要，是因為前三個因素放諸全港物業皆準，解釋不了為何不同物業和區分又會有不同的表現，

特別是當樓價已飛升，租金回報似有若無，物業升值對於投資回報更為重要。

經濟學上有「經濟地租」（Economic Rent）一詞，指一個地方所能夠衍生出來的經濟價值，經濟學家構思這理論時產業結構簡單，科技不及現時先進，從而推論出與市場（市中心）的距離與運輸成本成反比，從而決定土地可以種植不同的農作物而影響地租水平。香港地產市場信奉的「中環中心論」即源自於此，認為樓價應該是距離中環的遠近而決定，甚至到今日一些樓市分析節目，仍然使用這種分析框架，本書的其中一個論點就是對之作出質疑。

時移勢易，在城市中影響地租水平的因素眾多，運輸成本可以因為基建而大幅下降，遠距離可以用速度彌補，運輸貨物到市場被人流、物流、資金流和訊息流所取代，工商業活動取代農業，並且出現產業不斷的提升。屯門樓市就是一例，以前被視為「一升大市就見頂」的藍燈籠，可是卻在這十多年來長期跑贏大市，原因就是由屯門到市區開通了西鐵，期後又接駁了西部通道到深圳，未來更會有過海隧道直達赤鱲角機場，結果就是屯門由偏遠的工業和住宅區變身成為跨境消費熱點，樓價表現自然不再是吳下阿蒙，不可同日而語了。

知道已經發生事情是不夠的,過去的事已無法改變,但未來的趨勢卻可以預測從而早著先機。基於大灣區發展的大方向,香港的大型基建亦以連繫位於香港以西的大灣區為主,包括港珠澳大橋、廣深港高速鐵路、機場第三跑道,以至於東大嶼都會計劃,均令靠向西邊的區域更為受惠,而東邊的地區長遠來說就有邊緣化之虞,筆者稱之為「一路向西」的現象,就是交通基建引導樓市的發展方向。

而基建本身也引發產業由一個區域轉到另一個區域,又或者是某些區域因而出現產業升級的現象,比如由工業區轉型為工貿區,甚至進而出現跨境消費現象,結果就是同一面積的土地能盛載更高的產值,樓價和地價水漲船高的現象,本書將會就各區可能出現的未來趨勢作出分析。

現今香港政治局勢出現丕變,遊客區水靜鵝飛,消費市道大幅滑落,甚至國家有扶植深圳及其他大灣區城市以接收香港產業之意,因此物業投資就更要審時度勢,作出精明的決定。筆者希望本書能夠對廣大讀者有所啟發,找到跑贏大市的物業從而突圍而出。

是為序。

脫苦海謹識

第一章

香港島

沙中尋寶

【中西區・灣仔區・東區・南區】

堅尼地城站
西營盤站
上環站
上環
中環站
香港站
香港大學站
西環
西半山
中環
金鐘站
中半山
會展站
灣仔
灣仔站
銅鑼灣
銅鑼灣站
跑馬地
天后站
炮台山站
北角站
鰂魚涌站
太古站
北角半山
西灣河站
筲箕灣站
筲箕灣
杏花村站
柴灣站
柴灣
大坑
薄扶林
山頂
東半山
香港仔
深水灣
黃竹坑站
海洋公園站
大潭
海怡半島站
利東站
鴨脷洲
淺水灣
赤柱

第一章
香港島 沙中尋寶

在香港島要找到好地段和好物業，就不可以人云亦云，數十年來人們都說港島樓無得輸，但是根據最近十多年來的數據，買九龍或新界可能賺得更多，「貴得無道理」往往會帶來慘重教訓。要在整體表現欠佳的地區置業，惟有集中看一些特別受惠的地段，例如由沒有地鐵變為有地鐵，商業活動能否從數量和價值上獲得提升。還有的是某一區域會否出現重心轉移，以至於發展方向出現重大改變。

南區就是由沒有地鐵變成有地鐵，不過受惠的不是現時的區域重心香港仔，卻是工廠和居屋集中地黃竹坑，令人措手不及。灣仔和銅鑼灣本是港島北的繁盛地帶，卻因為交通基建及產業的轉變而出現產業轉移的現象。

至於鰂魚涌經多年不斷的努力耕耘，已獲得豐碩的成果，高潮之後卻出現反高潮，升級轉型到達天花板，就連大業主也要出走。

還有的是想在物業類型上作出突破，低價買舊樓博取重建收購，要注意的事項，都是物業投資者不容忽視的。

港島樓：
真的無得輸？

歷來人們認為港島樓無得輸，從絕對樓價上看，港島比九龍和新界高是一個客觀現實，然則坊間認為港島樓更為保值，根據多年來的數據，答案是否定的。

港島樓價 升幅落後大市

其實，港島樓價升幅已落後九龍及新界區，這一點可以透過比較港九新界的樓價作出評估。差餉物業估價署定期公佈港九新界的平均樓價，透過計算不同時期的樓價升幅，就可以比較不同時段各地樓價的強弱表現。

下表根據差餉物業估價署的數據所顯示B類單位的每年平均樓價，當中1997年仍然分為九龍和新九龍，所將兩者加總除二。B類單位面積40-69.9平方米，換算為430-753平方呎，符合香港主流單位面積。筆者選擇兩個不同的買賣時間：

1. 2003年沙士至今

		平均樓價	呎價		
港島	2003	30,497	2,834		
	2018	176,330	16,388	上升	478%
九龍	2003	22,020	2,046		
	2018	147,161	13,677	上升	568%
新界	2003	21,317	1,981		
	2018	120,067	11,159	上升	463%

2. 2008年金融海嘯至今

		平均樓價	呎價		
港島	2008	72,563	6,744		
	2018	176,330	16,388	上升	143%
九龍	2008	53,543	4,976		
	2018	147,161	13,677	上升	175%
新界	2008	38,255	3,555		
	2018	120,067	11,159	上升	214%

中環海濱：香港的CBD。

在2003年沙士前的大跌市當中，港島並不表現得出特別強的抗跌力；在1997年、2003年和2008年買入持有至今，港島亦都未能表現出更強的上升力。特別是2008年金融海嘯，是世界遊戲規則改變的前奏：2007年及之前數年，金融資產表現跑贏樓市，可是自從2008年開始，樓價卻又遠遠甩開金融資產，出現已達十年有多的樓市升市。在2007年之前股票市場還算是容易獲利，但是之後就由樓市獨領風騷，背後的原因是人們對金融產品信心受損，而物業這種供應有限，又可以借到低息資金的標的物，成為了市場的寵兒。

中環中心論 vs 大灣區基建

筆者認為由於支撐港島樓價的信念是中環中心論,偏偏中環是以金融為根本,香港的金融從業人員,每多居住在港島,然後到中環上班。例如西半山就是上層管理人員的居所,也有不少上班一族是在港島東的中產屋苑搭港鐵上班。

自然,在金融業好景不再之下,直接影響到港島樓價:西半山的樓價積弱,已經少了人將之視作豪宅區,只有中半山舊山頂道一帶還能保持地位;至於鰂魚涌,太古城、康怡花園也漸漸腿色了。另一原因是港島的新增交通及基建,遠少於九龍和新界,特別是未來大灣區的基建發展,也是偏向九龍西和新界西,反映在樓價之上就是港島在未來仍然難免繼續弱勢。

至於新界轉強,除了交通基建的大躍進,同時表現出內地經濟在香港的力量越來越明顯,更多香港人要北上工作,也有更多人南來香港旅遊、讀書、就業和經商。假定一名國內人由深圳向南望,會看到甚麼呢?原來莫講中環,甚至連九龍對他們來說也很遠,搭高鐵在九龍站落車尤自可,乘東鐵逐站停未到沙田已不耐煩。結果或會出現「越遠中環越貴」的例子,例如元朗貴過屯門,上水貴過粉嶺等。

2018年也是一個分水嶺的年份，除了現今人人皆知的中美貿易戰，中美兩個大國將會徹底改變世界遊戲規則之外，有一個因素卻是早已經知道的，就兩大基建把香港與內地的連接點，由上水羅湖一下子跳到去西九龍和東涌。筆者預見到九龍將會比新界更見強勢，皆因集合了市區的地利以及邊境的經濟，後續的章節會作出分析。

相對香港仔中心，海怡半島可看高一綫。

筍盤錦囊：

整個香港島的地段可以分為三大類，第一是純商業區，即是中環、金鐘、灣仔北，幾乎沒有住宅的投資機會，商業物業亦非一般市民可以參與；第二是商住混合區，即是由堅尼地城至上環，和由銅鑼灣到鰂魚涌，這裏是最具投資價值的區域；其餘的地區要不是住宅佔絕大多數欠缺商業價值，就是低密度住宅，基本上沒有商業價值提升的因素可言。

另一個考慮因素是基建，有兩類區域值得留意：內部基建得到改善、接近大灣區基建。內部基建前者的典型例子是南區的鴨脷洲和接近黃竹坑站的居屋。受惠於南港島綫（東段）通車，海怡半島和其他鴨脷洲的屋苑進入鐵路版圖。至於海洋公園到黃竹坑則因鐵路帶動旅遊業和工貿發展，潛力更大。

本來香港島與大灣區基建相距甚遠，但是政府建議的東大嶼都會建議用公路和鐵路接通堅尼地城令到西環一帶的新型屋苑，包括寶翠園、帝后華庭、泓者等有機會更上一層樓。反而單幢樓和舊區的舊屋苑就不用考慮了。

黃竹坑：
受惠於基建提升

南區是近年較為受惠於基建的地方，開通南港島綫（東段）地鐵之後對外交通就多了一個選擇，不像之前返工放工要受香港仔隧道塞車之苦，港鐵未來更計劃興建多一條新綫，就是由黃竹坑到達港島綫香港大學站的南港島綫（西段），城市結構大洗牌再一次在南區發生。

黃竹坑區 更具潛力

南區其實是港島的外圍地區，所以是沿公路的帶狀和點狀的分佈著，而當中最大的聚落就是香港仔，東至黃竹坑，西至田灣、南至鴨脷洲，多年來香港仔就被視為南區的區域重心。特別是在鴨

黃竹坑升級轉型。

腳洲大橋通車、發電廠重建為海怡半島後，南區人口大幅增加，
香港仔作為主要的購物點更形重要。

不過，現有的南港島綫（東段）並沒有把香港仔納入其中，而是
由金鐘站經海洋公園站，下一站就是黃竹坑站，上蓋將會發展成
為商住項目，單位數量約4,700個，另附設47萬平方呎商場。
根據2016年中期人口統計，南區人口約27萬，每個單位居住3
人計，黃竹坑上蓋可容納1.4萬人，到時佔全個南區人口約5%。
成為區內僅次於海怡半島的第二大屋苑，比置富花園還要多。

南港島綫（西段）

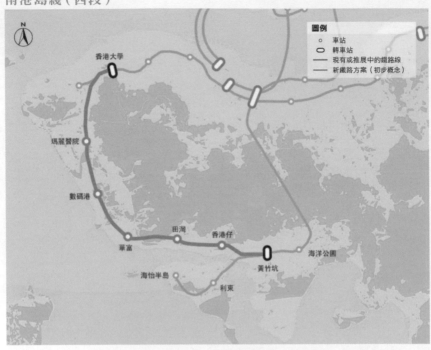

資料來源：《我們未來的鐵路》諮詢文件

受惠於旅遊商機及工廈活化

除了人口優勢之外，原本在金鐘聚集搭巴士到海洋公園的人群，直接導引到海洋公園，外來的人流及其價值帶來產業提升的機遇，海洋公園本身開設了酒店，就連附近的工業重建，在商貿之外也增加了旅遊元素。2009年10月，政府宣布一系列利便舊工廈重建和整幢改裝的活化工廈措施，容許15年以上舊工業大廈業主，免補地價將整幢工廈改裝活化，例如改建為寫字樓、藝術

智取筍盤 2 —— 升值地段大發現

工作室、服務式住宅等。以下是當中旅遊相關的項目：

· 黃竹坑道39-43號偉晉中心改裝成酒店、

· 黃竹坑道55號一新工廈重建為如心南灣海景酒店(L' Hotel Island South)

· 黃竹坑道64號由工廈改裝作奧華酒店(Ovolo)

還有的是香港藝術發展局在Genesis提供藝術空間，建立首個以視覺藝術/媒體藝術家為主的「藝術空間」，取名為「ADC藝術空間」。黃竹坑先憑著港鐵新綫帶動的旅遊業發展，然後乘著活化工廈計劃將整個地區升級為支援港島北岸產業的延伸。

香港仔 & 鴨脷洲 升值有限

另外一個受惠於基建的是鴨脷洲，開通地鐵後刺激了新住宅的發展，最觸目的是利南道前香港駕駛學校地盤以破記錄的168億成交，將興建商住物業，還有鴨脷洲大街一帶的舊樓也陸續重建。可是比較之下鴨脷洲只有交通之便，並沒有新的人流和產業進入，升值潛力就少了一點。

然則香港仔一方面被分薄人流，還要是因為社區變無可變，又沒有新的項目，整體社區將隨著人口日漸老化而褪色。即使他日南港島綫（西段）落實及開通，到時黃竹坑的地位已經穩固，未來將會變成平平無奇的商住舊區，亦未必能夠帶動重建潮。

筍盤錦囊：

產業轉型正在黃竹坑發生，而隨著未來進一步的基建發展，黃竹坑的戰略性地位將繼續強化，只可惜現時附近只有幾個居屋盤，要獲益在黃竹坑的商業價值提升，看來是發展商的專利。但另一方面可以看到，香港仔的相對倒退似乎難以避免。

相比於香港仔中心，海怡半島硬件新得多又有會所，並且第一二三期均有大量海景單位，第四期位處內陸又稱御庭園，接近巴士總站和港鐵站及商場，位置看高一綫；留意第三期部份座數向南是蜆殼油庫已被發展商收購多時，並曾經申請重建，景觀出現變數。

1.3

灣仔、銅鑼灣：
重心北移

灣仔和銅鑼灣是典型的商住混合區，告士打道以南大部份的樓宇都是地下至閣樓是商舖，樓上是住宅的模式，亦有部份大廈在重建後變成純商業用途，不是商廈就是商場，以銅鑼灣站一帶為區域重心。然而灣仔和銅鑼灣也因應鐵路計和區內的大規模社區重建而靜靜地改變，令到原本港島綫一帶的商業活動北移。

銅鑼灣向來是商業腹地。

沙中綫 & 北港島綫　人流匯聚會展

首先是沙中綫和北港島綫的興建，將會削弱港島綫的重要性。試想想，沙中綫港島段直駁東鐵紅磡站，經新設的會展站到達金鐘站，以後來自新界東的人流不用在紅磡海底隧道口轉車過海，亦不需要在九龍塘站轉地鐵，大量人流接傳送到金鐘站。

北港島綫

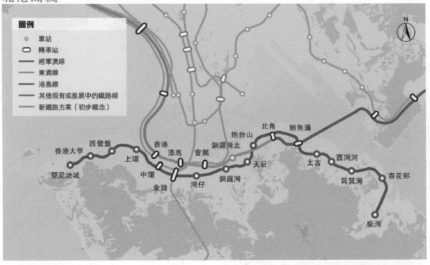

資料來源：《我們未來的鐵路》諮詢文件

至於北港島綫，不要以為是鐵路迷拍腦袋出來的幻想，早在1993年運輸科首份鐵路發展諮詢文件，已建議在港島綫以北興建北港島綫，其後推出不同的方案，直到2013年路政署展開《我們未來的鐵路》第二階段公眾諮詢，提出北港島綫的兩個方案，

智取筍盤 2 —— 升值地段大發現

最終政府決定採納「交匯」方案：東涌綫延長到添馬站；將軍澳綫由北角站延長，經炮台山站、銅鑼灣北站、會展站，到達添馬站；兩綫以添馬站轉乘，主要作用是接通將軍澳綫和東涌綫。

這兩條鐵路的興建對於港島北岸的城市結構有深遠的影響，會展的人流除了可以由灣仔站步行，亦可以選擇乘沙中綫由紅磡站或金鐘站到達，亦可以乘北港島綫由香港站、添馬站或者銅鑼灣北站到達，會展站本身已經是一個四通八達的接駁站。

會展 功能擴展

另外政府亦已決定全力擴展香港會展功能，計劃將灣仔北三座政府大樓、灣仔舊碼頭巴士站、會展站上蓋，以及灣仔運動場均包括在計劃之中，使到會展業如虎添翼，無形中會展站成為了整個擴建後會展的核心。到擴展計劃落實後，會展站也將會發展成另一個鐵路樞紐，由東涌站到寶林站，由堅尼地城站到柴灣站，由海怡半島站到羅湖站，最多只需要轉一次車就可以到達，其交通便利可想而知。

會展站稍具規模的住宅只有會景閣和灣景中心，附近則以單幢商住物業為主，受益也有限，反而灣仔站一帶的住宅的商業價值如修頓花園、嘉薈軒、囍匯等將會有所削弱。至於鄰近太古廣場的

沙中綫會展站及計劃中的銅鑼灣北站位置

萬茂台一眾屋苑，將會由於金鐘站的發展有所補償，事實上太古集團十多年來在附近不斷收購舊樓進行重建，已經預示了灣仔的發展將會向西移。

銅鑼灣　商業價值再提升

另一個趨勢則是銅鑼灣地位強化，基於灣仔沒有鐵路直達會展，溢出的商業價值將向銅鑼灣北站擴展，銅鑼灣現存的社區和購物設施，未來將會服務會展的人流，再加上北港島綫接駁東涌綫和

將軍澳綫，政府亦有計劃由跑馬地興建行人隧道到達銅鑼灣站，以及維園正研究發展地下空間，重重因素均指向銅鑼灣很大機會更上一層樓。

銅鑼灣亦有機會重新接入來自機場和高鐵的客源，對於銅鑼灣的零售業別具意義，因為打自2015年自由行由一簽多行變成一周一行，實行一年之後訪港內會展坐大將令到灣仔地旅客人次下跌了8.6%，有報導旺區的藥房生意額大減四成，鐘表業生意額減少四、五成，間接推動了2015年見頂的舖市進一步的調整。

會展坐大將令到灣仔邊緣化。

商業價值是經濟地租的其中一種形式，亦將因而改變樓價。在未來銅鑼灣的樓價看高一綫，反而灣仔將會被邊緣化。

筍盤錦囊：

會展站位於灣仔北，只有兩個住宅屋苑，就是會景閣和灣景中心，前者是一座可供買賣轉讓的單幢式服務式住宅，後者有三座，其中一座是華潤集團的木棉花公寓，另外兩座可供買賣。銅鑼灣北站則在維多利亞公園旁，現時只有舊樓選擇，包括伊利沙伯大廈、珠城大廈、百德大廈、香港大廈等等。其實這些住宅一早已有鐵路覆蓋，多年來都受惠於附近的商業活動，所以剩下的潛力就不多了。

銅鑼灣地位的強化還體現在兩個方面，其一是毗鄰跑馬地的大坑至東半山的重新發展，不少發展商都積極進行重建；其二則是消費業的板圖正擴展到大坑特別是浣沙街的餐飲業，分別提供了住宅和商舖的投資機會。

1.4

鰂魚涌：
轉型到頂

鰂魚涌是港島的商業副中心，包括太古坊龐大的商廈群組，以及太古城中心的商場群組，再加上各個大型的私人屋苑，自成一角的樓價體系。導致這種情況有多個因素，交通上有東區海底隧道以及將軍澳綫過海段，龐大的私人屋苑居民提供了高收入的社群。不過，筆者認為此區轉型已到頂，難以再增值。

鰂魚涌 產業已不斷升級

鰂魚涌過去的發展歷程，由工業和海港設施的地段，變身為商業住宅混合用途，是一個產業不斷升級的過程。第一波是太古先在鰂魚涌興建糖廠和船廠，然後把糖廠結束改建為工廠大廈，員工

1975年的地圖：轉型前的鰂魚涌。

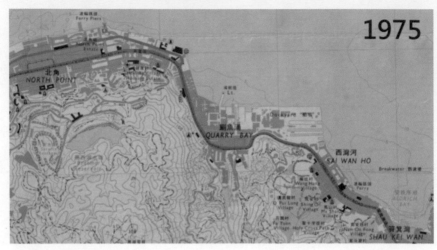

宿舍建成海山樓，原本用來儲水製糖的水塘拆卸賣地，分別建
成了賽西湖大廈、南豐新邨和康景花園。到後期太古船塢與黃
埔船塢合併成聯合船塢並遷至青衣，才開始分期興建太古城。
第二波是把已經賣散了的糖廠街工廈陸續回購重建，形成今日
的太古坊商廈群組，到今日太古仍然在收購太古坊周邊的住宅
來擴展太古坊。

另外，鰂魚涌升級轉型源自交通改善，先是開通了英皇道以西灣

河碼頭為區域重心，到1985年通車的地鐵港島綫，將原本的康山夷為平地，連同附近山脊興建康怡花園，再上太古城的發展，東區頓時成為當時少數集中多個中大型屋苑的中產社區，一舉將重心轉移到太古城站。再加上1989年通車的東區海底隧道以及當時的地鐵觀塘綫過海段（現屬於將軍澳綫），令到鰂魚涌成為另一個維港兩岸的交通樞紐。

鰂魚涌的經濟地租提升，令其商住混合用途的潛力，比純商業或純住宅更高，原因是商業用途為居民提供就業機會和生活消費設施，龐大的住宅社群反過來提供足夠的工源和消費力。工作日時有來自外區的工作人口，假日則由當地的民生日用消費支撐，部份甚至引來跨區消費人流。

太古計劃出售太古城中心

鰂魚涌的發展是典型的產業升級轉型，不斷地提升商業價值，導致到推高經濟地租從而推高樓價，可是2018年太古計劃出售太古城中心第三和第四座，是一個強烈的訊號，表示區內的大業主意識到：東區的產業升級已經到達了玻璃天花板(Glass Ceiling)此極限。

太古城中心產業升級已經到達了極限。

理論上既然九龍東都可以被政府「欽點」為 CBD2，太古也可以繼續大量投資，將太古坊一帶的商廈繼續升級。太古沒有這樣做，反而繼續套現投資在擴展金鐘及灣仔一帶的商業王國。對於投資者的啟示就是當一個地區難以進一步升級轉型，樓價跑贏大市的日子就過去了，更大原因是已經沒有新的土地，以及大型基建計劃令到社區的經濟地租更上一層樓。

筍盤錦囊：

除了太古城和康山花園之外，值得一提的還有鯉景灣，是太古在完成太古城之後的又一項目，實用率高又有海景大單位，加上附近的社區設施完善。同時亦可以考慮逸濤灣和嘉亨灣，也具有港鐵之便和完整社區，不過就不能對長遠升值有所苛求。

對於資金有限的投資者可參考太古的思維方式：離開潛力到項的地方，轉投入到更有升值潛力的地方，如金鐘站除了可以受惠於中環CBD東擴之外，更由於鐵路規劃，成為了港島區的鐵路樞杻，港島綫、南港島綫、荃灣綫、沙中綫都在此交匯。結果受惠的是附近的萬茂臺，即是前港燈發電廠月星街一帶。

當然，如投資者資金有限就要學習太古的思維方式：離開潛力到項的地方，轉投入到更有升值潛力的地方，如金鐘站及會展站，除了可以受惠於中環CBD東擴之外，更由於鐵路規劃，成為了港島區的鐵路樞杻。

1.5

舊樓尋寶：
還看公契

由於香港島最先發展，所以存在極龐大的舊樓市場，不少投資專家建議到舊區買單幢樓，一來可以用較平的價錢住市區樓，二來也可以搏取發展商收樓重建的意外之財，舊樓尋寶似乎必定跑贏大市，然則實際操作時，一定要注意地段值博率及大廈公契，才決定是否落注。

發展商是否開展收購舊樓重建，最大考慮是有沒有獲利空間，即所謂水位，包括：地盤的地積比率有沒有用盡，有沒有高度或發展限制，有沒有改變用途的潛力，否則重建隨時變成蝕本生意。

北角臨海一帶的舊樓群。

1. 機場遷走，放寬高度限制

就以港島為例，半山和薄扶林是限制發展區域，雖然多年來市場盛傳政府打算放寬，但至今仍未有成事。相反，機場搬離啟德之後，位處飛機航道的九龍市區和港島東區的舊樓，都未用盡地積比例，而東區是較多舊樓成功重建的地方，不似九龍那樣到處都有大量的個案。尤其北角臨海一帶的舊樓群，鄰近油街物料倉、北角邨、繼園街、亞洲凍房等，由於附近有多幅大型重建而成的新盤推出，令到附近的樓價水漲船高，刺激了更多收樓重建的項目。

2. 合併地盤增加地積比例

發展商也可以用特別的方法來提高地積比例,例如將數個甲類地盤或乙類地盤,合併成一個丙類地盤,更能獲得額外的樓面面積,這在西半山特別多案例。

試想一下:為何西半山會有數個相連的甲類地盤出現呢?原來西環、上環、中環和西半山,因為香港開埠初期已經發展,所以地盤面積較為零碎,加上位於山坡上的地盤限於當時的科技水平亦只能作零碎的發展。到今時今日,如果可以收集到數個相連地盤拆卸後再平整山坡作重建,就可以獲得地盤升級,比如由只有一面向街的甲類地盤變成多面向街的丙類地盤,就可以獲得額外的地積比例。

3. 改變土地用途

隨了增加樓面面積外,改變土地用途也可以達致增值,典型的例子是鰂魚涌吉祥大廈經多年的收購,最終由商住用途變成商廈,關鍵在於吉祥大廈屬於舊契樓,即二十世紀六十年代以前由政府批出的土地契約,有關地契的條款比較簡單,對土地用途的限制也較少。

了解舊契樓

舊契樓主要位於中上環、山頂、灣仔、北角等地區，過去一直毋須補地價即可重建增高，但因應　宗法院判決口後相關舊契項目申請重建增高，發展商必需要改契和補地價。該案例是有發展商打算將九龍城南角道五個相連地段，重建成一座26層的商業大廈，但由於所涉及的五個地段地契，均有不可建多於一所房屋的發展限制，因為「房屋」若要參照政府租契訂立時的情況，一般也會被理解為低層建築物，若要重建成樓高二、三十層的商業大廈，就不再符合「房屋」的定義，裁定發展商敗訴。

然而舊契樓對於土地用途的限制比較寬鬆，發展商就可以通過設計來配合，而無需要補地價，以往就有個案例在商住用途的土地上興建商廈，只撥一間房間作為管理人員休息之用，以符合地契上「商住」的定義。所以希望買舊樓搏重建的話，就必需要對於物業的地契（即官契，Government Lease）有足夠的了解。

除了重建價值之外，買舊樓最好亦考慮其居住價值，特別是物業管理方面，了解有沒有物業管理公司和業主組織，以免購入日久失修的物業，最終重建不成，只有忍痛丟空一途。

第二章

九龍西

新商住中心的崛起

【油尖旺區・深水埗區】

第二章
九龍西
新商住中心的崛起

回歸前九龍西並不算是理想的置業地域，無論是油尖旺或深水埗都被人認為是貧民窟，甚至九龍站剛落成時，也被人目為「扮尖沙咀」，可是後來的發展卻是多年來不單只商業日益旺盛，樓價也是節節上升。

首先是新機場項目的填海和鐵路工程落成後，提供了龐大的硬件載體，一方面容納了各種商業活動，例如環球貿易廣場就接收了從中環溢出的金融業務，九龍站和奧運站的商場吸引到全港甚至跨境的購物人流；另一方面各種新式的大型私人屋苑吸引到較為富裕的階層入駐，形成士紳化現象。

而九龍西亦同時受惠於開放自由行旅客，傳統民生日用區旺角升級成為跨境人流匯聚之地，就連深水埗也因為黃金商場和鴨寮街一帶的特色購物體驗成為內地出名的新旅遊景點，旺角更出現重心由彌敦道轉移到旺角西站的現象。位於大角咀和長沙灣的工業區亦因而升級轉型，並引發了大規模的重建潮。

不過最令人意想不到的是豪宅區居然可以在九龍西出現，除了傳統半山上的低密度住宅外，更有在鐵路上蓋的商住項目成為新興寵兒，加上全國範圍內都罕有的高鐵屋苑優勢，九龍西的樓價升值猶有未盡。

2.1

西九：
最受惠於基建及填海

正如上一章所說，香港島早已失去領導樓市的龍頭地位，取而代之的正是九龍西。

直到八十年代，香港交通規劃一直以中環為中心，不論是中環統一碼頭、荃灣綫和港島綫，均以中環為中心來規劃，老實說，即使沙中綫原本的構思亦以中環為中心。

九龍西的物業具潛力。

1987年的九龍西地圖

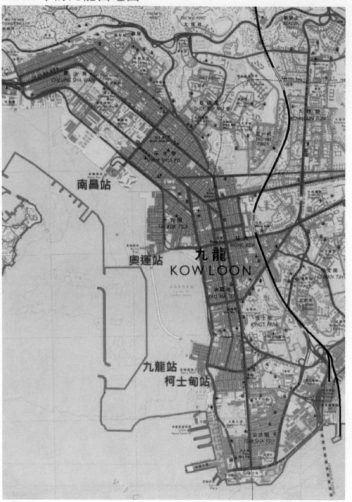

註：藍色綫是現時的海岸綫，右邊的粗黑綫是東鐵綫，亦是東西九龍的邊界。

而上世紀被稱為「玫瑰園」的香港機場核心計劃的十大基建,原來也是以中環中心思維來設計,當時九龍西已經沒有用地,為了興建機場快綫和東涌綫,九龍西需要大幅度填海。此舉不經意改變了香港整體基建的設計思維:由以中環為中心,變為以九龍西為中心。

左圖是1987年的香港地圖,可以看到現時的機場快綫、東涌綫和西鐵綫等站均是在填海區上興建。

玫瑰園計劃令九龍西的土地面稱增加了三成以上,還形成了一連串的新型商住區域,更重要的是在現今的《保護海港條例》之下,已經沒有可能出現另外一個例子了!

九龍西的擴展工程,令土地價值和經濟地租會愈來愈大。

九龍西現時每個新建的港鐵站的四周已興建了大型住宅以及商業物業。九龍西的填海土地,未來的土地價值和經濟地租會愈來愈高,除了選址在九龍站和柯士甸站之間的高鐵站外,高鐵站上蓋有三座商業大廈的地盤,市場估價的地價亦達一千億以上,估值比高鐵的興建成本還要高!

「西九半小時生活圈」正逐步擴展

隨著不同的基建落成,現時的交通時間與距離關係已出現重大轉變,從而影響樓價分布。一些看來很遠的地方,只要有高速的交通工具,可以瞬時抵達,以往偏遠的新界部份地點也納入甚至深圳,有了高鐵就連福田站都可以半小時到達。乘坐西鐵,由柯士甸站去屯門總站也只需半小時,相比之下,由太子站去鰂魚涌站要半小時,所以部份新界樓賣市區價也有其合理之處。

除了直通新界西的三號幹綫之外,還有六號幹綫計劃,即中九龍幹綫、T2公路、藍田隧道和將軍澳跨灣連接路,完成後,九龍東和將軍澳將會被包括在「西九半小時生活區」內。

西九的基建大躍進直接的結果,正是樓價節節上升猶有未盡,然而更重要的是區內因此而產生了產業提升的機遇,以金融業為代表的CBD經濟,亦有機會轉移到西九。

高鐵經濟尚待起飛，故佐敦、油麻地一帶的商業物業，其潛力仍未完全反映。

投資錦囊

最受惠於高鐵通車的的確是九龍站和柯士甸站
受惠於高鐵開通，都提供了不少貴價住宅的選
擇，而距離一兩個站的還有奧運站、南昌站、
美孚站、紅磡站。此外，九龍西還有不少屋苑
都可以乘車甚至步行而至，例如尖沙咀的港景
峰、佐敦的嘉文花園，以至京士柏的數個屋
苑。特別要指出的是佐敦油麻地一帶的商業物
業，其潛力仍未完全反映，除了地舖外，還有
寫字樓物業。

金融區：
擴展至高鐵站附近

中環是香港的CBD 這地位從來沒有遭受挑戰，而金融業被視為產業中的最高點，在資本主義社會制度之下，資本操作自然是產業鏈的頂端，所以金融業是CBD 的標誌：股票交易所、銀行總部、相關的專業服務如律師行、企業顧問、跨國公司總部等，全都在中環。

大量投行已進駐西九

但香港金融業對空間的需求也不斷累積，特別是來自內地的金融機構、上市公司、證券公司等等，中環核心區的寫字樓已出現空間不足。比如中國四大銀行之一的農業銀行，其香港的總部大樓是前鱷魚恤大廈，已經偏離了中環核心區的範圍；香港本地的大

型銀行，也要將後勤的部分遷離中環，分散到鰂魚涌和九龍東。

至於外資的金融機構，與其擠身在中環彈丸之地，倒不如入主租金較廉的環球貿易廣場（ICC）。例如瑞信（Credit Suisse）就由中環交易廣場二期遷入ICC 87-99樓；瑞士盈豐銀行（EFG Bank）原本在中環交易廣場和太古坊康橋大廈遷到ICC 18-19樓。摩根士丹利、德銀也選擇進駐ICC。

其實這些投行選擇進駐ICC並不出奇，原因是中環寫字樓長期空置率極低，租金每呎超逾百元之餘，大部分寫字樓的設計和設備均已過時；相反，ICC提供了總樓面超過280萬呎，租金只有中環的一半，還供應當時全新的設施。

九龍站和奧運站海濱雲集眾多大型屋苑。

西九金融區的擴張

只有一座ICC當然不成氣候，還有高鐵西九總站上蓋商業地皮，樓面高達316萬方呎，較ICC還要多逾12%。另外，為解決西九龍文化區的財務問題，提高地積比率15%已被批准，提供額外商業樓面。這些都是未來西九的商業用地來源。

在分析產業溢出及擴散時，除了考慮目前的金融產業數量之外，未來新增的金融業務更為重要。未來幾年，香港無論在金融、旅遊、消費方面，均會因高鐵帶來可觀增長，這些產業的增量既然發生在高鐵站周邊，金融區由中環擴展到西九是或遲或早的事。

金融區以跨區式轉移並非沒有先例，上世紀90年代，受金融大改革（Big Bang）及歐洲一體化影響，來自美國和歐盟的經營者陸續進駐英國，因此倫敦的金融區轉移，由舊有佔地只有1平方英里的倫敦金融城（The City of London），擴展到5公里外的廢棄碼頭區域——金絲雀碼頭（Canary Wharf）。這次的轉移帶動了碼頭周邊的產業以及樓價。

香港高鐵站附近相信亦會出現這種變化，畢竟高鐵已成為未來的增長極，蘊藏各種商機及物業投資機會，特別是位於高鐵站對面的佐敦和官涌一帶，該區的地舖以及寫字樓單位，未來幾年租金及樓價相信會進入上升軌道。

投資錦囊

除了九龍站和柯士甸站的住宅外，奧運站和南昌站只是一站之隔，並且有高級的商場配套，也有機會受惠。奧運站屋苑當中只有維港灣、柏景灣、帝柏海灣和君匯港是奧運站發展項目，其餘屋苑均是外圍的發展項目。沿海的四個屋苑，看地圖好接近港鐵站，但不要忽略中間隔著三號幹綫，全部都要經過奧海城一期商場，本身也少有購物設施，所以就要在海景和方便度作出取捨。

南昌站除了上蓋項目外，附近的未來發展是被市場忽略的，不要以為只有一個車站上蓋項目，近海有數幅地皮已出售，包括酒店項目和大型私人屋苑，海壇街正在重建當中的住宅，也將會有受惠。

2.3

旺角：
重心的擴展

在香港人的眼中，旺角只是一般市民的消費地點，然而在內地人眼中，旺角卻是購物的好去處。特別是朗豪坊落成後，高級百貨公司在平民住宅群內出現，然而後續的發展是自由行在本地消費之外還帶來大量跨境的人流和商機，從而影響經濟地租以至樓價租金的分佈。

在自由行來臨之前，旺角的購物區集中在彌敦道兩旁，朗豪坊的原址是俗稱「雀仔街」的康樂街，是售賣雀鳥的小街，自然沒有多大商業價值；俗稱「電器街」的西洋菜南街當時是民生日用商店；俗稱「女人街」的通菜街則是以小販為主的排檔，可見只是平平無奇的普羅市民消費區。

朗豪坊一向是遊客的消費熱點。

自由行帶來的大量遊客因朗豪坊的開業慕名而來,帶動了各種跨境消費行業,最典型是珠寶、金飾、鐘表行業沿彌敦道成片地出現,電器連銷集團則佔據西洋菜南街,而通菜街的排檔則被遊客視為本地特色消費,一如韓國首爾的南大門和梨泰院。

兩項社區工程帶動改變

在高鐵通車前,內地旅客到旺角不是乘坐直通巴士就是東鐵,而這兩個交通點均偏離原有的旺角商業重心,從而引致零售區向住

宅區擴展。這種趨勢更因兩項進行中的社區工程而加速：洗衣街及旺角東站政府用地發展計劃和旺角行人天橋系統。

位於旺角東站旁的政府用地包括水務署、食環署設施用地和毗鄰的停車場，將會重建為3幢物業，包括一幢樓高68層地標式商廈、兩幢為4-6層高商場。另外還有公共休憩空間、公共小型巴士運輸交匯處、跨境巴士上落客設施、以及130個公眾泊車位，當中有10個可供巴士及貨車使用。可以預期現時散佈在區內街道的小巴總站、跨境巴士站與旺角東站聚集在一起，令跨境人流高度集中。

洗衣街及旺角東站附近的社區工程

洗衣街重建地盤和行人天橋選址。

至於旺角行人天橋系統，是把現存的奧運站系統和旺角東站系統，經亞階老街的新天橋接駁起來，不單只可以改善人車爭路的情況，更可容納更多的人流，而遊客不論乘搭東鐵、荃灣綫、觀塘綫、東涌綫，均可通過新系統互聯互通。

由於奧運站一帶住宅比重較高，旺角商業比重較高，旺角東站則是跨境人流的出路，三者融合卻在洗衣街重建項目提供了新的載體，所以旺角的區域重心將會向東轉移。

投資錦囊

旺角區是以商住項目的為主，大部份都是單幢，略具規模的舊樓有鴻都大廈、仁安大廈、翠園大廈等，這些屋苑的居住環境未必理想，但卻因為商業價值而樓價高居不下。較新型的屋苑有百利達廣場、麥花臣匯、Sky Park 等重建項目，設備上會較佳，以細單位為主，具有收租的價值。

跨越東鐵來到太平道、窩打老道和亞皆老街中間的三角位，是原初何文田的位置，筆者反而覺得真正是旺中帶靜，可平衡居住價值和投資價值，兼具居住和投資價值。

旺角社區工程進行的同時，鄰近的重建計劃亦陸續進行，並且出現某程度的分工：俗稱「波鞋街」的花園街一帶以納米單位為主、跨過鐵路的自由道勝利道一帶以中型單位為主、前中電總部重建項目以大單位為主，令投資選擇更多元化。

2.4

大角咀、長沙灣：
轉型進化的受惠者

除了前文提及的金融業和零售業的產業轉型，九龍西亦出現了：

產業轉型：傳統的工業區轉型為商貿旅遊區

社區轉型：大面積的住宅重建出現的士紳化現象

產業轉型令價值釋放

上世紀中葉，大角咀和長沙灣均是臨海工業地帶，特別是船廠、石油庫等港口設施，現時的港灣豪庭、大同新邨、中匯街八中樓、四小龍等前身均是船廠；美孚新邨是石油庫。

三號幹綫橫跨奧運站。

貨櫃碼頭的發展，令原有的貨倉設施重建為黃埔新邨，太古與黃埔兩大船廠組成聯合船塢遷移至青衣北岸，香港小輪前身油麻地小輪亦把船廠遷移到青衣北岸，而石油庫則遷移到青衣西南岸，騰出的土地改建為私人住宅。

大角咀福全街兩旁用地被規劃為工業用途，長沙灣青山道一帶則是以紡織成衣業相關產業為主，兩者均由於工廠北移出現轉型的現象，可是卻沒有出現大面積的重建，主要由於業權分散，不似船廠、石油庫等只有單一業主。

轉變的機遇來自機場移至赤鱲角,令到九龍的樓宇高度限制全面放寬,以往只有十多層高的工廠大廈,可以重建成數十層高的工貿大樓,重建潮因此出現,主要集中在大角咀必發道和洋松街,以及長沙灣青山道和永康街。

所謂「單車變摩托」,這兩波的產業轉型直接釋放了土地價值和提升了經濟地租,以往被視為低增值的工廠區,轉變為住宅和工貿用途,帶動了當地租金以及樓價,升幅亦遠比大市多,而且不可逆轉:當高增值產業代替了低增值產業,期望樓價可以跌回以前的水平,似乎是不設實際的想法。

社區轉型出現士紳化

可是大角咀和長沙灣正在進行新一波的轉型,就是由舊區變身為中產居住區,主要的推動力是產業轉型之後帶來的土地增值,引發了舊住宅區的重建價值。例子有大角咀近奧運站一帶、整條海壇街出現大面積的重建、由市建局和房協合作多個以喜字為首的重建項目,社會學上稱之為士紳化(Gentrification),

士紳化一詞,由英國社會學家格拉斯(Ruth Glass)在1964年的文章提出,以倫敦的伊斯林頓為例作了如下描述:「在倫敦,一

個又一個的貧苦勞工民區被中產階級入侵，當那些破落的房舍租約期滿後，就搖身變成了高雅而昂貴的大宅……而直至所有原居的勞工階層居住者都遷出後，整個社區面貌就徹底地改變了。」

這種描述正在大角咀和長沙灣進行中：原本聚集低收入人士，重建後地價及租金上升，較高收入人士遷入，並取代原有低收入者，吸引了第一批高收入者遷入後，就會進一步吸引其他同階層人士遷入聚居，使士紳化過程愈來愈快。

以長沙灣為例，最先的住宅重建只是零星地進行，只有One New York、One Madison、海峰及御匯，然後是土地發展公司清盤後留下的多個喜字頭的地盤，市區重建局接手後，因財力不足引入房屋協會合作發展成私樓項目，終於引發了多個發展商進行住宅重建項目。

推動區內發展還不止於此，長沙灣一帶的公營房屋正大面積地發展，包括將矮小的公屋重建為數十層高的長沙灣邨、元洲邨和蘇屋邨；高爾夫球場、長沙灣屠房和蔬菜統營處亦發展為居屋和綠置居，以及南昌站一帶的居屋。

在未來數年，長沙灣將會出現人口大幅增長，社區轉型將會繼續引發區內的土地增值。

投資錦囊

筆者長期看好九龍西的投資價值，就是建基於數十年來的不斷轉型，以至於未來五至十年還在進行當中，住宅的投資相信不用筆者多言，但是區內地舖的潛力還未充份發掘，特別是公營房屋重建所帶來的額外人流和商機，還未得到足夠的重視。另一方面，該區的非住宅物業，包括車位、工廈等亦有一定的上升空間。

西九豪宅區：
內地中產的「半山」

筆者曾經說過，外國地產界名言：「Location, Location, Location」，可以指「貴地、旺地、便地」，分別指權貴階層的地段、商業價值高的地段、交通和生活便利的地段。全港只有港島小部分地方是貴地，所以九龍新界就只有旺地和便地，但是，其實還有一項條件可以出現高價的物業。

又一居是傳統富貴小區。

西九半山　合內地中產口味

港島有所謂「半山現象」，就是山上的物業價值比平地高，這個現象也出現在其他地方，例如九龍半島中部的丘陵地、沙田大圍、火炭的半山、荃灣半山荃錦公路等。中產階級在追求交通生活方便之外，也有希望居住在環境清靜、景觀開揚的地方。九龍西符合這種條件的地方就只有京士柏和又一村，而九龍東則有何文田山（公主道以西）、嘉多利山、畢架山、飛鵝山等地。這裡集中分析京士柏、又一村的屋苑。

京士柏：與尖沙咀和油麻地只是一箭之遙，但由於京士柏位處約100米高的山丘之上，形成了數個高價的豪宅屋苑：爵士花園、帝庭園、君頤峰、京士柏山、衛理苑。。

又一村：除了大型屋苑又一居之外，多是只有數層高的低密度住宅，暫時還未有數十層高的重建項目，所以其低密度的屬性亦得以保留。

由於京士柏、又一村位處山丘之上，因此亦享有開揚景觀。內地來港的人與香港人有不同的世界觀，他們未必會很在意海景，因為家鄉根本就沒有海，反而對於開揚山景和大單位更有要求，這類住宅符合他們理想居所的條件。對於以汽車代步的人來說，這兩個地方距離高鐵站算是極為接近。

九龍站上蓋屋苑和酒店。

西九鐵路站上蓋的優勢

在全國的範圍內，興建在市中心的高鐵站已經足夠稀有，能夠住在高鐵站步行距離更是罕有，這種屬性的住宅自有其捧場客。

至於西九各個鐵路站，例如九龍站、奧運站、南昌站均建有上蓋高密度屋苑。上蓋屋苑的優點是交通和生活便捷，壞處則是人流極多，令人覺得煩擾，某些報章不時指出高鐵引來大量人流，令到居民不勝其擾而要搬走云云，實質上這類型屋苑的樓價具有高經濟地租的支持，人流愈旺只會令到樓價更為高企。

一些分析人士企圖使用單一標準衡量物業價值,他們拿著自以為標準的答案分析樓價,不合心意就說價格不合理。其實百貨應百客,有人喜歡幽靜環境,有人愛熱鬧方便,沒有絕對的標準,只有程度上的分別,分析九龍西的豪宅區亦作是如此。

投資錦囊

投資豪宅最重要是分析哪一類人是潛在客戶,留意該屋苑的單位是否符合他們的需要:喜愛幽靜環境的往往追求大單位;貪方便的不介意細單位。

所以無論是京士柏、又一村的大單位,或是九龍站、奧運站、南昌站的細單位都各有捧場客。當然也有集兩者之長的選擇:柯士甸站的大單位。

第三章

九龍東

由工業轉型商住

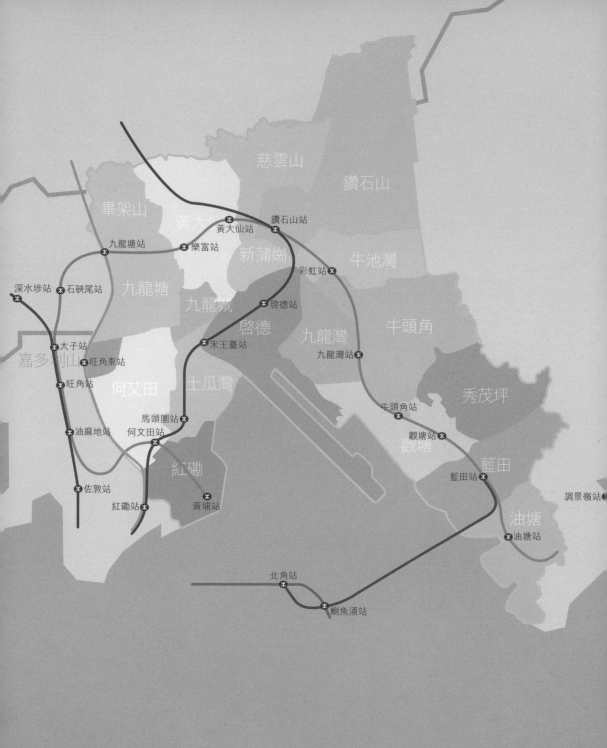

慈雲山

鑽石山

畢架山

黃大仙 黃大仙站 鑽石山站

九龍塘站 樂富站 新蒲崗 牛池灣

深水埗站 石硤尾站 九龍塘 彩虹站

九龍城 啟德站 牛頭角

嘉多利山 太子站 旺角東站 啟德 九龍灣 牛頭角站

何文田 土瓜灣 九龍灣站 秀茂坪

旺角站

馬頭圍站 牛頭角站

油麻地站 何文田站 觀塘站

紅磡 觀塘 藍田

佐敦站 藍田站 藍田 調景嶺站

紅磡站 黃埔站 油塘

油塘站

北角站

鰂魚涌站

第三章
九龍東
由工業轉型商住

市場對於起動東九龍成為第二個核心商業區（CBD2）充滿期待，但是多年帶來多少實質的變化？的確啟德的地皮陸續開發，區內的重建項目如雨後春筍，特別是加速了九龍灣和觀塘海濱的發展進度，然則屋苑樓價升級並未有發生，樓價只是隨大市上升，並沒有突出的表現。

細心一看，九龍東的商貿區的產業沒有多大程度的升級，無論九龍灣、觀塘仍然是予人後勤產業的印象，只不過在數量上有所提升。相比之下港島東鰂魚涌漸漸提升到科網巨企的地區總部，九龍東頂多是銀行和保險公司的後勤部門。既然沒有大量的高收入社群遷入，自然就沒有在樓價上反映出來。

九龍東的基建也是一波三折，沙中綫、中九龍綫、連接藍田隧道的T2幹綫等項目，以至於高架單軌鐵路系統，要不是延遲落成，便是未有落實，對外交通設施未有改善，難免是塘水滾塘魚。通車在望的沙中綫，本身有強烈的網絡效應，10個車站當中有6個轉車站，可靜心等待全面通車之後的發展。

住宅方面，要根據相對於鐵路站的位置，來分析出核心與外圍的屋苑，始終九龍東的商業活動過於分散缺乏焦點，形成居住價值居代商業價值成為選擇的標準，以便找出表現較佳的物業。

3.1
九龍東CBD2：
難以成形

前文討論過CBD移至西九，不過早前政府搞了一個「起動東九龍」計劃，並以CBD2 為主題，但筆者認為東九龍難以成為CBD，因為它只接收外溢產業。

中環的CBD除了部分已成功轉移至西九，也經多年的擴展，向東到達金鐘，向西到達上環，已經觸及了住宅區，最多只能擴展到灣仔海旁填海得來的會展一帶，無可避免地出現產業外溢（Spillovers）。

承接這些外溢產業的，先是因為港島綫和東區海底隧道通車，令到鰂魚涌太古坊一帶崛起成為港島的次級商業區，然後是觀塘站創紀之城系列開始，引發了觀塘和九龍灣一帶的工廈重建潮，逐

觀塘很多工廈重建為商廈。

步形成了九龍東的新商業區，所謂「起動東九龍」只不過是順著自然發展的趨勢。再進一步就是在荔枝角、大角咀、葵興等地出現商業區的雛型。

九龍東的中心還未形成

分裂出來的商業區不會是中心，只能算是次級商業區，亦不會像 CBD 那樣具有全面的功能，所以香港樓價在空間上的分布，亦由以中環為中心，轉化成一個個的子系統，例如東區的樓價是以太古坊

為中心並向外遞減。理論上,東九龍理應具有相同的樓價結構,但九龍東的中心在哪裡呢?

從政府提供的資料,九龍東CBD2由四部分組成,包括啟德、觀塘、九龍灣及新蒲崗四部分,地域上過於分散而缺乏焦點,只需要一問:東九龍的商業重心在哪裡?答案就是「還未形成」,所以東九龍的樓價分布亦較平均。

未來的發展趨勢,東九龍似乎會形成雙核心結構,即觀塘站和啟德站。

九龍東CBD2的四個發展部分

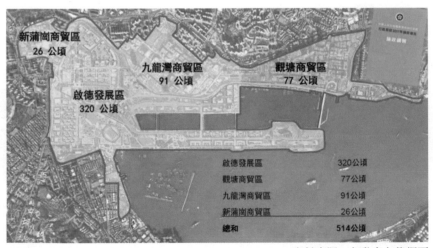

啟德發展區	320公頃
觀塘商貿區	77公頃
九龍灣商貿區	91公頃
新蒲崗商貿區	26公頃
總和	514公頃

資料來源:起動東九龍網頁

現時觀塘站對面的裕民坊重建正進行得如火如荼，最後一期將會是商業物業，整個項目會形成一個人流和商業聚集點，再加上APM的人流，以及觀塘工貿區的人流，在未來五年內形勢都不會改變。

至於樓價高企的啟德站，又是否能承接甚至取代觀塘站的地位呢？筆者對此並不樂觀。首先，觀塘所擁有的，是形成已數十年的商業和人流，而且安達臣道以至於油塘一帶亦已形成新腹地。

再者，在地形限制之下，啟德站難以輻射到九龍灣工貿區，區內原本規劃作私樓和酒店等商業用途的地皮，卻因為公私營建屋比例由六比四變成七比三，新增的公營房屋用地不少來自啟德，已經令到其潛力大為削弱。所謂CBD2，並不是自我形成的產業，只不過是收納別人不要的外溢產業，才會像現時那樣不成體系。

投資錦囊

九龍東CBD2 欠缺焦點，形成樓價的分布較為平均，影響個別物業的定價回歸到物業本身的條件。九龍灣站的淘大花園和德福花園老化的狀況十分顯著，藍田站的麗港城和匯景花園相對上年輕一點，但是未來啟德站和觀塘站屋苑成形後，預期將會令到有經濟實力的居民遷出，削弱升值潛力。

啟德：
發展變陣或降低經濟地租

九龍東另一個較大的發展項目，是啟德發展計劃，包括前啟德機場用地，以及毗連九龍城、黃大仙和觀塘一帶的腹地。

啟德發展區有兩個重大的啟示：其一是由規劃到發展程序是以十年計的；其二是改變公私營房屋比例對私樓市場的影響。

漫長發展程序的原因

前啟德機場1998年7月關閉後重新發展為民用，20年後的今日發展仍然未有完成，反映了香港土地發展程序的漫長，箇中原因值得深思。

啟德發展區的啟德郵輪碼頭。

1998年10月，政府開始在啟德機場北停機坪的3個位置清拆建築物，發現機場停機坪地底長年有飛機燃料滲漏，地下泥土含有汽油和甲烷等易燃物質，除對施工構成危險外，還會影響人體健康，結果政府花費約3億元公帑為啟德1.8萬立方米泥土除污。

規劃當然不會等，早在回歸前的1995年4月，當時的立法局財務委員會批准撥款，進行一項整體可行性研究，並於1998年完成。然後在2001年推出一個經修訂的計劃，當中包括了填平啟德明渠和土瓜灣海面。但是，2004年有關《保護海港條例》的

裁決：任何建議的填海工程只可以是有「凌駕性公眾需要」，結果計劃又要推倒重來，經過幾輪公眾諮詢後制定了法定的《啟德分區計劃大綱圖》，並於2007年通過及在2009年作出修訂，到2012年首次納入核准圖則（編號S/K22/4），後又幾經修訂，才在2018年5月出現最終的核准的圖則（編號S/K22/6）。

自2013年動工起，現時啟德發展區完成了首階段發展，包括啟德郵輪碼頭、公屋啟晴邨和德朗邨、工業貿易大樓、區域供冷系統第I期、第II期及第III期（組合甲）、跑道公園第一期、啟德明渠進口道及觀塘避風塘第一期改善工程、觀塘海濱花園、兩所小學、啟德明渠重建及改善工程、香港兒童醫院，以及相關基礎設施工程。多幅住宅和商業用地陸續推出，部分亦已入伙，啟德體育園亦於2019年4月動工。

原來除了有一手樓和二手樓外，還有一手地和二手地，填海得來的土地就可以免了上手土地用途可能留下影響安全的殘留物，需要更長時間處理，值得大家考慮那些堅持發展棕地不填海的言論的真確性，特別是部分棕地現時是用來做回收或物流用途，二惡英和重金屬含量是否超標值得關注。

啟德發展區內的 7 幅公營房屋土地

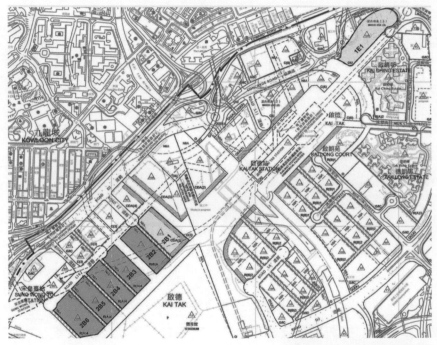

資料來源：九龍城區議會文件

智取筍盤2 —— 升值地段大發現

提高公私營屋比例　有損投資價值

值得留意的是在未來土地房屋供應緊張之下，啟德被視為救遠火的近水，政府做了兩項可能損害啟德投資價值的事情：提高發展密度、私樓地盤轉公營房屋。

政府建議啟德發展區額外增加約16,000個住宅單位，令區內整體住宅單位供應量達到約4.9萬個，大幅增加啟德發展區的發展密度，修訂包括16幅土地，其中5幅近啟德停機坪，11幅在跑道中部，並將兩幅休憩用地轉為住宅用途，令住宅用地由34公頃增至40公頃。

其中毗鄰郵輪碼頭的跑道區一帶改動更大，原規劃住宅和酒店用地各6幅，將3幅酒店用地改劃為住宅用地，並在接近都會公園位置新增2幅住宅用地，而接近郵輪碼頭1幅住宅用地則改為酒店用途，令跑道區住宅用地由6塊增至10塊，提供住宅單位由原本約3,000個增至7,000個。

至於啟德站前停機坪一帶，三幅原屬私樓供應的北面停機坪用地，會改作公營房屋用途，涉及5,400個單位，連同之前的公營房屋用地，啟德共有7幅公營房屋土地，其中啟晴邨旁用作安置

受重建影響的真善美村居民，其餘6幅地皮與啟德體育園為一街之隔。

大幅改為公營房屋的主要原因，是政府將公私營住宅比例由六比四改為七比三，多出來的公營房屋，由改劃啟德和安達臣道兩區來補數。

在整體土地供應緊張下，還要撥多10%的土地作公營房屋，可見

公營房屋群成形後，預期削弱啟德發展區的升值潛力。

私樓供應不足的情況雪上加霜，並且將會出現部分地區公營房屋偏多的現象。

綜合以上論點，筆者並不看好啟德發展區的前景，在發展密度高、公營房屋偏高之下，對整體地區的經濟地租有負面影響。

投資錦囊

不要以為啟德發展區需時 20 年是特例，其實新界東北新發展區和洪水橋新發展區的規劃亦早在 1998 年開始，至今仍然拖拖拉拉，所以投資物業應專注未來 5-10 年有實質發展的地方，那些十多廿年才有動靜的利好因素，可以先放在一邊。

沙中綫：
提高網絡效應

在香港高鐵爭議中，不少人指出廣深港高鐵只通往廣州和深圳，效益有限，亦有人認為既然已有飛機到達中國各大城市，為何又要乘坐較慢的高鐵？這種論點亦出現在香港鐵路發展上，有人認為南港島綫效益有限，因沒有伸延至香港仔，又有人認為由沙田到港島已有東鐵加地鐵接駁，為何要興建兜遠路的沙中綫？

有人說：「推銷第二部電話的人是天才」，因為買第二部電話的人只可與一個人通話，但是當成千上萬的人都擁有電話時，每一個買電話的人都可以與成千上萬的人通話，這種現象稱為「網絡效應」（Network Effect），指產品及服務價值會隨着客戶增加而提升。

雖然這個現象多見於通訊及互聯網等行業，但交通基建何嘗不是這樣呢？在兩鐵時代，地鐵和九鐵各自為戰，市民轉乘十分不便，後來有了八達通好一點。在兩鐵合併之後，全港的鐵路網絡合而為一，特別是當接駁了南昌站和紅磡站後，屯門元朗納入全港鐵路系統，促進了區域發展，更釋放了區域的經濟地租。

沙中綫的重要性並不是把乘客由沙田送到港島，事實上整條沙中綫已被拆為兩部分：大圍至紅磡段用來連接西鐵綫和馬鞍山綫，形成前稱東西綫的屯馬綫；過海及港島段則與東鐵連接，成為東鐵綫的一部分。因此，紅磡站成為了貫通東南西北的交通樞紐。

鐵路網絡 2.0

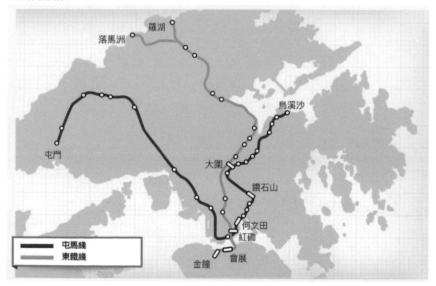

資料來源：港鐵網站

屯馬綫及東鐵綫

另外一項重要性，是沙中綫的10個車站當中有6個是轉車站，
換一個角度就是沙中綫有效地連接了多條鐵路綫：

大圍站：連接東鐵綫

鑽石山站：連接觀塘綫

何文田站：連接觀塘綫

紅磡站：連接東鐵綫

會展站：北港島綫

金鐘站：港島綫及南港島綫（東段）

沙中綫的6個轉車站

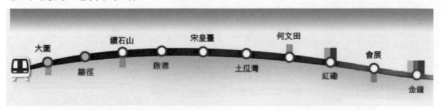

資料來源：港鐵網站

現時的荃灣綫覆蓋到九龍半島的西岸，沙中綫則覆蓋到由啟德到紅磡之間的東岸，東西之間亦由觀塘綫的兩端連接，而南北之間相對於現時東鐵沿綫要在九龍塘站和旺角站轉車，新界東居民可以不用轉車直達金鐘，所以現時新蒲崗、九龍城、土瓜灣等地，將會加入鐵路網絡 2.0。

投資錦囊

雖然鐵路開通是物業投資的一大賣點，但是其效應也會有所不同。比較海怡半島和黃埔花園在新綫通車後的表現，海怡的改善幅度就大得多，因為是「由無到有」，網絡效應十分明顯，反之黃埔花園到九龍西岸已有充足的交通工具，多個黃埔站只是錦上添花。

基於相同邏輯，未來沙中綫的開通，大圍和鑽石山站的屋苑受益有限，但其他由無到有的地段樓價升幅將會表現突出，特別是新蒲崗和土瓜灣。

3.4

中產屋苑：核心與外圍

九龍東有數個中產區，這裡涉及了中產的定義，言人人殊，或者更貼地的說法：用力搵錢就是無產階級，用腦搵錢就是中產階級，用資產搵錢就是資產階級。

這些中產屋苑可以再細分為兩大類：

	黃埔站	宋皇臺站	九龍灣站	藍田站
港鐵站「核心」屋苑	黃埔花園	傲雲峰	德福花園	匯景花園
周邊「外圍」屋苑	半島豪庭 海濱南岸	翔龍灣	淘大花園	麗港城

細心觀察，即使是同一個港鐵站附近，這個些微差異可以引發級數上的分別，例如九龍灣站的淘大花園就和德福花園不同層次；藍田站的麗港城和匯景花園，雖然同一個發展商，落成年代也接近，但也出現重大分別。

參照以往的發展歷程，不同於九龍西先有商貿後有住宅，九龍東由農村一步就進化到工業，黃埔花園是船塢、傲雲峰是味精廠、淘大花園是醬園、麗港城是油庫，然後因經濟轉型重建為住宅，當時根本就尚未有鐵路，而是以巴士等地面交通為主。

何文田站天鑄。

然後觀塘綫和沙中綫先後興建，考慮到區域內的人口和土地分佈，如果有足夠的土地就興建上蓋物業，包括德福花園、匯景花園，沒有發展地盤則把車站興建在人口眾多的大型私人屋苑附近。隨著交通基建的發展，一些屋苑將會由周邊屋苑變身為港鐵站屋苑，包括宋皇臺站的傲雲峰，和啟德站的譽港灣，特別是後者與啟德站距離只是一條天橋和一座政府大樓，在沙中綫通車後，將會出現本質上變化。

投資錦囊

由於鐵路支綫不斷增加，令到鐵路沿綫區域越嚟越多，但是最為受惠的是鐵路上蓋物業，哪怕只是要轉一次車價值已經大打折扣。 在沙中綫通車之後，九龍東很多區域都被列入鐵路版圖，從無到有就是最大的得益，那些被動地成為上蓋屋苑的物業就能發揮最大的潛力。

相對於上蓋屋苑，週邊的外圍屋苑的低水將會長期化，是不會消失的，低水購入只會低水賣出，適合自住或收租，博升值就往往令人失望了！

3.5

油塘：
變天有排等

由第一個重建的私人屋苑鯉灣天下於 2006 年入伙計，油塘的重建計劃已進行十多年，期間陸續有多個私人屋苑落成，然而期待中的大變天仍然未成型。工業轉型和大規模社區重建，長遠來說有利該地樓市，但受惠的範圍有多大，也會涉及先天因素，重建帶來的利好因素難以一概而論。

油塘重建可分為兩部分，其一是靠近鯉魚門三家村碼頭一帶的工業區，其二是油塘站對出的油塘灣重建項目。從法定圖則可以看到，前者在規劃上十分零碎，雖然已劃為數個綜合發展區，但由於業權分散，重建進度緩慢並且各自為戰，沒有人流和商業活動聚腳點，加上其山坡的地形，全區缺乏商業重心，所以此區僅為純住宅區，局限了投資價值。

油塘重建法定圖則

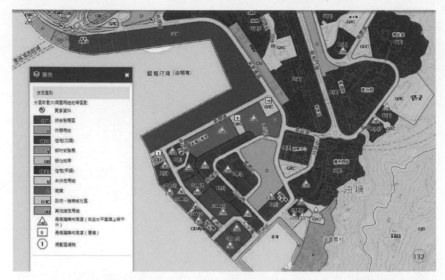

資料來源：城市規劃委員會網站

另一邊廂的油塘灣，沿岸只屬於一個綜合發展區，多年前由7間發展商組成財團與區內30多個廠商簽訂合作協議，計劃將該區重建大型住宅及商業區，並於2015年初獲城規會落實通過規劃發展，擬發展6,556伙。到2017年，項目第1、2期獲屋宇署批建樓面超過400萬方呎，興建30幢分層物業，除住宅外還提供宿舍、康樂及幼稚園等。至於餘下第3-6期發展，預計會發展多幢住宅及酒店。只不過到目前仍然是地盤，仍未知何時動工。

這種格局與現時烏溪沙站很相似，就是臨近港鐵站有大項目，遠一點的反而是零碎的項目，試問珠玉在前，你教到時樓齡較舊、

油塘海濱計劃重新發展。

交通較次的現有項目情何以堪？筆者敢講現時油塘的住宅項目已
沒有了跑贏大市的條件，支付能力較高的，寧願等待油塘灣項
目，也不會現時入市；現時願意入市的亦不願意付高溢價，雙方
處於不平衡的競爭中。

投資錦囊

油塘是少數居屋的投資價值比私樓高的地方，
無論是港鐵站附近，抑或山上的屋苑都比邊緣
的私樓為佳。當然這並不是孤例，比如荔景站
也是居屋條件好過華景山莊，所以在特定的情
況之下，居屋比私樓更具潛力也不出奇。

第四章

新界東

新舊規劃決定尋盤策略

【北區・大埔區・沙田區・西貢區】

火炭

大學站

火炭站

沙田站

烏溪沙站

馬鞍山站

恒安站

大水坑站

馬鞍山

石門站

第一城站

沙田圍站

大圍

大圍站

車公廟站

沙田

九龍塘站

樂富站

白沙灣

西貢市

大網仔

黃大仙站

鑽石山站

西貢區

彩虹站

旺角東站

九龍灣站

牛頭角站

觀塘站

藍田站

紅磡站

油塘站

寶林站

坑口站

寶林

將軍澳站

將軍

調景嶺站

清水灣

第四章
新界東
新舊規劃決定尋盤策略

新界東十分接近港九市區，無論從城市規劃以至於人口流動來看，都與九龍區有高關連性，而不同年代的新市鎮規劃思維，亦直接影響此區各地段的經濟價值及升值潛力，令尋覓筍盤策略有所不同。

人口流動這概念對地區發展很重要。在過去十年的樓市升浪中，一些典型本地中產階級的區份和屋苑，例如鰂魚涌、黃埔、九龍灣、藍田等地，它們的樓價升幅都不比大市，甚至新界區的大屋苑，原因之一是這些區的人口外流至到馬鞍山和將軍澳，馬鞍山接收九龍（尤其是東區）的人口外溢區，而將軍澳則是港島（也是東區）的外溢區，加上這些市區居民平衡年齡也慢慢老化，稍為欠缺換樓動力。

較少人留意到，歷史更久的沙田其實也接收不少由九龍遷入的中產階級，特別是沿著城門河東岸經馬鞍山到烏溪沙，甚至未來到十四鄉的部份，都具有這種特性。基本上，沙田和西貢這兩區有頗大部份人口是屬於中產階級，對應之下也是以中大型屋苑為主流。可是在M型社會之下，中產的處境並不見得好，反映在樓價上便略遜一籌，這種現象在2008年金融海嘯之後更形顯著。

沙田和將軍澳標誌著兩代不同的規劃思維，進而留下不同的城市結構，在沙田和馬鞍山佔有中心地利最為重要，反而將軍澳則要鄰近港鐵站，從而引發到不同的揀樓策略。

4.1

沙田：
發展飽和未來受限

新界東有兩個大型新市鎮 --沙田、將軍澳。兩區的大部份平地都是填海而來，亦同樣是政府城市規劃的產物，可是規劃形態卻完全不同：沙田有一個市中心在沙田站周圍，將軍澳則每個站都是一個小中心，沒有一個主要的市中心。規劃形態的不同，影響到這些地段的發展及樓價走勢。而沙田區受早期規劃所限，已呈飽和，未來發展亦大大受限，經濟價值難以再釋放。

由沙田市中心擴散的攤大餅

沙田的市中心是沙田站周圍的商場群組和私人屋苑，外圍是公營房屋，再外圍是大圍、火炭、圓洲角、石門等工業和商貿區，再

沙田區受早期規劃所限,已呈飽和,未來發展亦大大受限,經濟價值難以再釋放。

往外就是沙田半山的低密度住宅,此規劃思維應合了芝加哥學派學者伯吉斯的同心圓理論。芝加哥位於一片大平原的湖畔旁邊,而市中心就雲集了最重要的產業,隨著距離愈遠交通成本及時間上升,土地價值也漸次遞減,容納了不同的產業和土地用途,形象如「攤大餅」。

這種規劃,和沙田原有的地形有密切的關係,而以下兩大因素則形成了沙田市中心的同心圓規劃:

先看地區發展次序的因素，是先有火車站(1910年)，然後出現墟市，到引入公屋及私人屋苑，然後設置大型商場以及酒店商廈。大圍站和火炭站分別在1986和1985年啟用，所以沙田站無論在硬件上或歷史上均具有壓倒性的優勢。以至於後來各個東鐵站上蓋物業項目，和單位數量超過10,000伙的沙田第一城，均只是沙田市中心的分支，甚至發展成熟的馬鞍山新市鎮，說到底也是沙田的附庸。

另一因素是沙田區的內部交通以巴士和小巴為主，鐵路主要是到達區外的途徑，加上沙田有多條行車隧道去九龍和荃灣，所以即使東鐵和馬鐵在大圍站交匯，大圍站也只能成為「經過的地方」，而不是「聚人的地方」，未來沙中綫通車後，可以預期馬鐵沿綫往九龍的乘客直接在鑽石山站轉車，而不停留在大圍站。

明白這種城市格局，就可以理解沙田區的商業價值和地租分布，是由以沙田站為中心向周邊遞減。由於樓價是土地價值加硬件減去折舊，反映在樓價上就是相似的硬件和樓齡的住宅樓價出現「沙田市中心論」，亦因此即使新城市廣場第三期硬件老舊，其樓價仍高居不下。

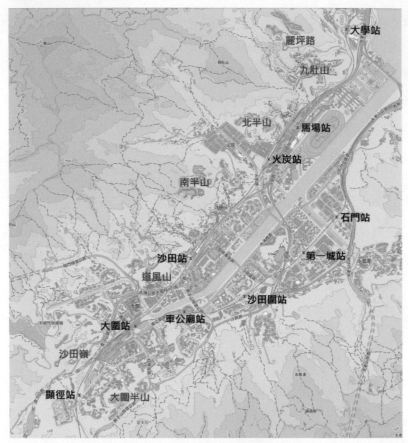

沙田區飽和 未來發展受限

由於城門河兩岸的平地基本發展完成，故未來只有零星的重建項目，例如位於大涌橋道的神召會重建計劃，所以沙田的發展趨勢

將會繼續向半山發展，包括水泉澳邨旁的多個地盤、麗坪路多個樓盤等，均是社區的進一步膨脹。

沙田的交通已經超負荷，所以有些發展項目在社區反對之下被擱置了，可以落實的主要項目，是位於馬場以北的沙田污水處理廠搬入對岸的女婆山當中，原址將另作發展，而對開海面有吐露港填海計劃已擱置了。

其實沒有進一步填海，又怎會有土地擴闊吐露港公路，以至於其他可能的交通基建呢？這情況也發生在火炭的發展之上，港鐵站旁的數座貨倉大廈多年來申請作住宅及商業發展，均被社區的政治勢力反對，認為新供應會影響到樓價，以至會降低居住質素，到如今只有前惠康倉拆卸重建，但進度極度緩慢，結果就是區內的商業價值難以釋放。

另一需要留意是沙田的交通改善工程，自從8號幹綫於2008年通連後，多年來已沒有新基建項目。早在2006年曾經有計劃興建連接沙田路及青沙公路和城門隧道的T4主幹道項目，遭沿綫居民反對一直擱置。另外又有建議興建大埔公路（沙田段）擴闊工程，將禾輋邨對出一段大埔公路擴闊至三綫，修改與沙田鄉事會路的交界等措施，仍在商討中。所謂「遠水不能救近火」，在可見的將來沙田的內部交通繼續惡化，直至社區的政治勢力理解未來發展及交通改善工程之重要性。

筍盤錦囊

在沙田區置業，鐵路因素沒有其他區域明顯，因為巴士和小巴四通八達，是否接近港鐵站並不是決定性的因素，如大圍及火炭，即使近鐵路站也不是很強的賣點。只要一離開沙田站一眾屋苑，經濟地租就迅速消散，因此在此區置業要考慮居住質素及出租的潛力。

居住質素方面沙田各個半山區均具有極高的評價，例如九肚山、麗坪路各屋苑、火炭南北半山等地，但是大多已脫離一般受薪階級的負擔水平，只具有居住價值。

另一方面是出租市場，特別是供內地來港的學生的市場，基於沙田本身有中文大學及恆生大學，隔一座山有浸會大學和城市大學，沙田第一城、海畔花園、金獅花園和名城等已逐漸形成租賃市場。

其他非沙田市中心的私人屋苑，表現就難以令人樂觀，主要原因是沙田的經濟地租已經食盡，未來的發展計劃又紛紛被拖慢甚至叫停，隨著樓齡漸長及人口老化而日漸退色。

大圍：
車站和硬件錯配

大圍是一個別具特色的社區，因為在高度都市化的新界東，仍然保留到部份的鄉村氣息，除了車站四周的小型屋苑和大型上蓋物業，港鐵站以北仍然保留著2-3層高的村屋和5-6層高的唐樓，再向外是由政府收回農地興建的公共屋村，山邊甚至仍保留一片片的農村，再往山上就是低密度的私人屋苑。而由於車站和硬件發展的錯配，大圍樓價的分佈，並不是跟大圍車站的距離來決定，而是由不同的建築格式而定。

大圍密度比沙田低。

硬件有別居民自然不同

大圍山上的大面積單位呎價，如沙田嶺上的一些獨立屋，比車站對面的唐樓或居屋為高，部份人或會認為是反常的現象，不是應該越近車站越貴的嗎？

筆者要指出的是，大圍物業受制於硬件決定論。港鐵最初設計大圍站時，並沒有計劃發展上蓋或站旁物業，後來興建馬鐵時收回沙田單車公園，才設立馬鐵維修廠及發展上蓋屋苑「名城」。至於馬鐵大圍站上蓋連同前青龍水上樂園的商住項目則到2019

年仍未入伙，所以形成「名城」獨貴，皆因樓齡最新，設施最齊全，但此情況未見於大圍站旁邊的其他物業。

這現象是基於沙田站商場群組的優勢太過明顯，令到另一個以車站（即大圍）為依托的區域重心無法再現，所以即使大圍站上蓋的商住項目落成，也只會像另一個沙田第一城，難以展現長遠升值的潛力。

沙中綫 重塑大圍未來發展？

隨著沙中綫的發展，顯徑及大圍半山住宅應會更具上升潛力，因為將會增設顯徑站作為東鐵和馬鐵之間的轉車站。換言之，東鐵將經原有路綫過海到達金鐘，馬鐵將直出鑽石山站與觀塘綫接駁，對外交通會更加方便，雖然新站並沒有上蓋發展，四周是公營房屋，但鄰近的顯徑商場有機會轉型升級，對於大圍半山及沙田嶺的居民無疑提供了交通及購物的選擇。

沙中綫顯徑站位置

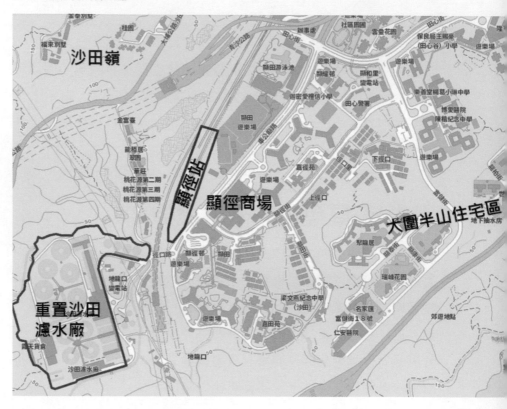

筆者認為，政府長遠應考慮將沙田濾水廠搬入岩洞，以清出該址作為住宅發展。猶如位於吐露港馬場以北的沙田污水處理廠，已落實搬入女婆山，本來此搬遷計劃可作進一步的填海以作更大規模發展，但已因交通負荷問題而被地區政治地量反對而被擱置。

筍盤錦囊：

基於大圍車站距離和硬件出現錯配，純以居住價值而言，大圍站對面的三個「花園」，包括私人屋苑金禧花園和居屋富嘉花園及海福花園，可說是位置佳而樓價偏低，然則好住並不意味具有升值潛力，樓價低水的情況將持續。

至於大圍山上的私人屋苑，比較道風山、大圍半山和沙田嶺，筆者偏受大圍半山，即仁安醫院四周的數個屋苑，皆因相對交通方便、而以景觀和私隱度作出平衡，則樓齡較舊的世界花園及聚龍居樓價也相對低水。

車廠上蓋的名城以大單位為主，交通方便以及設備較新，但是要留意三期之中，最舊的第一期距離車站較遠，以最新的第三期最為理想。

將軍澳南：
未來更便利 有機再上

香港的新市鎮規劃，由早期沙田以一個市中心開始的同心圓，發展至後期的將軍澳，如「葡萄串」般每個地鐵站都是一個小中心，沒有一個主要的市中心，可說是經濟及科技發展的大勢所趨。

廿世紀中葉開始的全球化，令工廠遷移到成本低廉的發展中國家，製造業外流結果出現了城市產業空洞化；加上資訊科技的發展，令生產設施微型化，出現新一波的再工業化，從而產生城市「去中心化」、「多元化」的現象，結果一些城市出現了新的結構，由同心圓轉變為多個較細少的集中點，就如沙田區「攤大

餅」，演化為將軍澳區的「葡萄串」。如果說沙田區是SIM CITY 1.0，將軍澳區則是SIM CITY 2.0。

將軍澳「葡萄串」規劃

將軍澳新市鎮這種「大分散、小集中」的規劃，涉及交通模式的選擇，而港鐵路綫也主宰了將軍澳樓價命運。跟早期規劃沙田新市鎮時有所不同，規劃將軍澳新市鎮時，地鐵系統已經成熟。不過，此區地鐵路綫規劃曾經更改，1988年地鐵與港府商討時，

將軍澳的樓價，與港鐵站距離成關鍵。

就設計了5個車站,包括油塘、填海區、將軍澳工業區、坑口及將軍澳市中心。從這些命名可以想見,原本將軍澳站一帶是工業區,而寶琳站則是市中心。而1994年公布的《鐵路發展策略》,將軍澳支綫卻以藍田站作為終點站,並將觀塘綫的終點站由鰂魚涌站延長至北角站。大家可以想像一下其中的分別,本來將軍澳綫是觀塘綫的分支,現時則變為港島綫的分支,就是這個微妙的改動,決定了將軍澳的命運。

既然將軍澳是港島市區的延伸,所以要解決的不是工業用地的問題,而是為港島提供更多的住宅,亦因此一改以往要求新市鎮自給自足、原區提供就業的概念,而發展成一連串以港鐵站為中心的數個住宅區。至於現時的將軍澳工業邨,與其說是為當地居民就業,不如說是為全港人服務。

經常有人說將軍澳是樓盤供應重災區,或者說是新界「扮」市區,最典型的事件是某將軍澳大道以東樓盤開售時聲稱是「香港東」而令網民嘩然,另一極端就是把將軍澳視為九龍一部份,比如中原城市分區指數,就把將軍澳納入九龍區。其實,將軍澳本來是一個大海灣,多年來填海成為新市鎮,地形上的局限令它不可能成為市區的一部份。

將軍澳的經濟活動主要是住宅用途相關，雖然也有將軍澳工業邨，但是規模太細，其就業人口主要源自區外。根據2016年中期人口普查數據，將軍澳、西貢區約25萬工作人口當中，有超過半數是在港島九龍工作。

未來規劃　將軍澳南潛力大

根據將軍澳的未來交通規劃，此區的發展潛力將大大提升。現時將軍澳的對外交通，分陸路和鐵路，陸路多條公路都十分迂迴曲折：無論經將軍澳隧道、寶琳路、影業路，均是繞一個大圈才去到觀塘，還有一大段路才去到市中心。至於鐵路，現時將軍澳綫只去到北角站，無論要去觀塘綫或者港島綫均要轉車。然而根據未來規劃，在藍田隧道完成後，將軍澳就有公路直駁東區海底隧道，鐵路則有北港島綫計劃，將軍澳將會繼續伸延到新設的添馬站，接駁到東涌綫。

將軍澳的未來發展

藍田隧道

跨灣大橋

邵氏影城重建

將軍澳
137區

在這種規劃之下，將軍澳作為市區延伸的屬性將會進一步加強，特別是灣仔北商業區納入之後，可以預期會有更多港島工作人口流入將軍澳。

近年大力發展的將軍澳站以南各屋苑，以及環保大道以東的重建項目峻瀅，均已經陸陸續續落成入伙，未來還有日出康城餘下期數、邵氏影城重建，以及原將軍澳填料庫137區，將會在未來五至十年落實，整個將軍澳的重心將會漸漸集中到南邊。不過就不會出現像沙田那樣一站獨大的情況，皆因多數的居民的就業以至消費均是指向港九市區。

可以預期會有更多港島工作人口流入將軍澳居住。

筍盤錦囊：

將軍澳的規劃，導致某地點與港鐵站的距離成為樓價的定價因素，最明顯的例子是清水灣半島和日出康城的部份期數，前者要轉一程小巴到坑口，後者要在將軍澳站轉車，形成個別屋苑樓價低水的現象。

將軍澳各站當中，惟有調景嶺可以不用轉車到觀塘綫，但於未來將軍澳綫與東涌綫接駁之後，此地段優勢將會被淡化，反而將軍澳站可同時駁通至康城支綫，將會進一步加強其區域重心的地位。

再從物業類型分佈及人口結構著眼，寶琳站將於未來首先步入老化，並且由於公營房屋比例較高，又離開基建和市區最遠，筆者預計將會十年之後步入邊緣化的局面。

4.4

馬鞍山及烏溪沙：
潛力有限

「葡萄串」規劃概念，亦在後期的馬鞍山新市鎮設計上使用。所以，一如將軍澳，馬鞍山是沙田甚或是九龍東的延伸，因而擺脫了以往新市鎮要自給自足，提供大量就業的包袱，因此雖然馬鞍山並沒有大量的就業機會，例如工業區、商業大廈之類能夠創造商業價值的物業和相關產業，但同時卻又可以快速地到達沙田以至市區，其成功的先決條件是與市區有足夠的交通連繫。

這種以住宅為主的社區結構，大大免除流動人口和當地人口混雜，居住質素就更加理想，不過這種社區結構也有其弱點，就是當進一步擴展的時候，現有的交通基建及社區服務未能照顧到相關區域，形成鞭長莫及尾大不掉。例如烏溪沙站以北的大型發展

馬鞍山和烏溪沙白石。

項目「迎海」，現時已陸續入伙，雖然環境清幽，但社區設施例如商場就嚴重不足，居民購物要到馬鞍山站甚至出沙田，社區商業活動無法形成，令長遠升值成疑。

烏溪沙站以北　車位供應不足

當地服務不足，對外交通亦未能作出補救，鄰近馬鐵站的樓盤還可以港鐵作為對外交通，遠一點的就要駕車出外，可是其車位供應不足卻成為另一問題。

白石各屋苑住宅與車位比例

	住宅	車位	比例
翠擁華庭	1,606	1,174	1.4
銀湖・天峰	2,169	344	6.3
迎海	3,535	1,022	3.5
雲海	420	89	4.7
泓碧	547	194	2.8
星漣海	454	272	1.7
峻源	148	N/A	N/A
價信和項目	90	N/A	N/A
總計	8,969	3,095	2.9

資料來源：立法會文件
https://gia.info.gov.hk/general/201711/01/P2017103100751_270931_1_150
9510723291.pdf

「迎海」總共有8,969個單位，卻只有3,095個車位，3個住宅都分不到1個車位。早在銀湖・天峰入伙後問題已經出現，從數據上看6個住宅都分不到1個車位，結果導致翠擁華庭的車位被炒高。可能是政府認為銀湖・天峰是鐵路上蓋盤，對外交通可以由鐵路解決，自然就只需要少量車位，然而事實卻是本來車位不算多的翠擁華庭也要讓車位出來。至於其他白石的項目，也是車位供應也遠比住宅單位少。

睡房社區 跑輸大市

烏溪沙站以北的樓盤，極可能如深井一樣，成為「睡房社區」，樓價長期跑輸大市。「睡房社區」的形成，可說是早期的新市鎮規劃（如沙田）相反，當時新市鎮要自給自足，有產業供居民就業，又會有商場、學校、醫院、圖書館等等社區設施，而土地面積要足夠大。如果新市鎮的擴展區（如烏溪沙站以北）本身居住人口不大，又沒有足夠的產業，加上沒足夠土地興建更多的交通基建，便形成了所謂「睡房社區」（bedroom community）：只可用來睡覺，居民要購物、上食肆，娛樂、社交，就得坐車到另一區。

烏溪沙和十四鄉未來發展

資料來源：團結香港基金報告

大家回想一下，深井就是一個睡房社區，一切所需供應不足，全都要向外尋求，但同時對外交通又不足，結果多年以來深井樓價完全跑輸大市。而烏溪沙站以北的白石區，與深井如出一徹，未來的樓價表現亦可想而知。

十四鄉發展 另一睡房社區？

而由白石區再往前進入西貢北的十四鄉，就有一個單位數目達到9,500個的項目，發展商需要擴闊部份西沙公路，暫時未知這個項目有多少個車位；另外有民間智庫建議在十四鄉兩幅合共64公頃的「未劃分土地」興建三萬個公營單位。即使這些項目都落實，仍未有足夠人口形成獨立的社區，最終或許又淪為睡房社區。

其實，如十四鄉發成為馬鐵延綫，那此地段價值可獲提升。其實，烏溪沙站末段有一小段車軌是架空的，即使前方沒有土地，難道不可以穿山興建馬鐵延綫？另外，亦可考慮團結香港基金的建議，將其中一個山谷撥作私人發展，就足夠土地補貼建設成本，另外一個山谷就可作全公營房屋發展。只是政府是否有足夠的政治能量，去推動這些開山闢地的發展呢？

筍盤錦囊：

一如將軍澳，馬鞍山的規劃令與馬鐵車站的距離成為樓價的定價因素，故此，尋找筍盤首選是馬鞍山站天橋系統可達的數個屋苑，次選是沿著吐露港近火炭石門的屋苑，皆因或多或少都沾到其商業元素及租客。反而一些次要馬鐵站附近的屋苑，筆者並不看好，就正如在屯門鄰近輕鐵站並不算是賣點：很多人都有的優點，自然就不是特點。

至於白石和十四鄉，在可見將來都是不完整的社區，除非真的一如上述成為延綫站，否則升值潛力不高。如想買入作投資或收租之用，選擇時必定要細心觀察交通配套及其社區。

4.5

西貢鄉郊：
樓價難追上港島南

西貢鄉郊（包括清水灣、白沙灣、大網仔），驟眼看似港島南區東部有低密度的住宅區，如壽臣山、淺水灣、赤柱、石澳等，兩處地方的環境十分相似，都是低密度發展、有大量海景住宅、離市區大約一小時車程，但樓價卻差距很大，筆者認為，兩者的樓價不大可能會趨近。

只有形似 人口結構大不同

從歷史因素來看，港島南東部和西貢鄉郊雖有相似之處，但房屋組合就大大不同。港島是割讓地，沒有圍村和丁屋的，相反，西貢現時仍保留大量的鄉村聚落，包括坑口鄉事委員會的 18 條

西貢和南區形似實不似。

鄉村以及西貢鄉事委員會的62條鄉村，除了舊契村屋外還有丁屋，形成私人樓的比重較低，例如匡湖居、柏濤灣、溱喬以及眾多獨立屋，均只佔一小部份。

還有要考慮社區構成的因素，根據中原樓市片區的數據，南區東部各個片區的收入遠遠比西貢鄉郊為高。由此分析，兩地雖然形似，但內涵卻完全不同，亦看不到兩者樓價有趨近的機會。

筆者還要加上一筆，就是西貢並不是一如坊間所述是香港的後花

園，反而只是九龍居民的選擇，樓價自然不可能與南區東部相比，而且西貢的對外交通難以改善，每逢假日要堵車可說是無解的問題，只有坑口的清水灣可受惠於將軍澳的未來交通規劃發展。

西貢的中型發展項目

不過話說回頭，西貢也有數個中型的發展項目正在進行，較多人留意的是邵氏集團相關的兩個重建項目：邵氏片場申請作綜合住宅、商業和住宿機構發展，涉及749個住宅、21.5萬方呎商業物業及酒店、134個宿舍；西貢嘉澍路清水灣大廈亦申請重建成兩幢6層高住宅。

較少人留意的是西貢有一個小型的工業區，就是康定路一帶，有財團已經收購5幢工廈，當中四洲集團大廈已獲批為私立學校；實惠集團大廈已獲批可建重建1幢住宅及4幢洋房涉及94伙；兩幢中華製漆廠房亦申請興建2幢住宅樓宇提供178個住宅及小量零售及商業樓面。餘下還有西貢食品網匯中心則仍未有進一步動靜，然而相信是斬件發展而非作出整合。

近西貢市中心不如鄰近坑口方便。

筍盤錦囊：

在鄉郊置業，除了重視環境，也要考慮到相關的配套，特別是住宅附近的停車問題。雖然西貢本身也有市中心，卻未必就能解決所有生活所需，最終導致近西貢市中心不如鄰近坑口方便。

筆者認為西貢鄉郊物業只有居住價值，沒有投資或收租的價值，皆因以往電視城尚在清水灣的年代，還有一些藝人選擇購買或租住西貢村屋例如井欄樹，後來電視城搬到將軍澳工業區後，他們也轉到將軍澳的私人屋苑居住；近大埔仔的村屋有一些科技大學的學生租住，其他的村落只有零星的外來人租客，那些遠到大網仔公路或西沙路的物業，亦差不多成為純居住的市場。

第五章

新界南

工業物流大變身

【荃灣區 ・ 葵青區】

荃灣半山

油柑頭

深井

荃景圍　荃灣站
荃灣西站　荃灣　大窩口　大窩口站
荃灣西
荃灣西　興芳
葵興站
大窩口
葵涌
葵芳站
馬灣
青衣站
青衣
荔景站　荔景
美孚站
荔枝角站
貨櫃碼頭
欣澳站
南昌站
迪士尼站

第五章
新界南
工業物流大變身

新界南的葵涌青衣荃灣，向來給人的印象就是貨櫃碼頭和工廠區，隨著香港製造業式微，新界南也跟著轉型：荃灣由工業區和公營房屋集中地變成消費購物熱點；葵涌由物流基地轉型為商貿發展；青衣則因接通機場及高鐵邁向中產區域之路。

荃灣因為開通西鐵快速接駁新界西和九龍而形成重心轉移，隨著荃灣西站一眾屋苑陸續落成，加上酒店和商場群組以及旅遊資源，有潛質發展為樓上購物產業，在高鐵加持之下變身跨境旅客的購物旅遊熱點。

葵涌則乘著活化工廈政策，透過工業轉型變身成商貿、酒店、商場等用途。其中葵興站對面的大連排道，除了由巴士廠重建而成

的九龍貿易中心(KCC)，以及由聯泰工業大廈改建而成的銀座式商場外，還有有名店商場佛羅倫斯小鎮的KC100，即將落成的KC88以及由新地發展的葵涌道與葵安道交界的商貿項目。

青衣站的潛力亦將日漸發展出來，從本地平平無奇的轉車站，進一步提升到機場、大橋和高鐵的交通樞軸，而由於大半海岸超出維港範圍，更加具備填海造地的潛力。

葵青貨櫃碼頭坐擁市區接點的優勢，未來實有機會重置發展，把碼頭相關設施搬到別處，就可以釋放巨大的經濟地租，值得留意事態發展。

智取筍盤 2 —— 升值地段大發現

5.1

荃灣：
交通模式令重心西移

荃灣作為第一代的新市鎮，經歷過多次的區域重心轉移，筆者曾以「三十年荃東，三十年荃西」來形容這種現象：三十年前地鐵未通車，荃灣的商業重心在荃灣碼頭及大會堂一帶，到荃灣綫通後，經濟活動迅速轉到荃灣站一帶。然後隨著荃灣西站項目陸續落成，加上西鐵柯士甸站鄰近高鐵，令到荃灣西站的重要性日漸加強。隨著新建設及交通幹綫、車站的興建，區域商業重心區轉移，樓價此起彼落，製造大量投資機會。

歸根到底，之所以出現這種現象，是由於主要交通模式的變化，先由渡輪及巴士轉為地鐵，然後是由市區內的地鐵轉為跨區的通勤鐵路，經濟腹地大幅擴大到新界西甚至跨越邊境，自然帶來翻天覆地的轉變。

楊屋道的住宅及商業項目，提升了荃灣西站一帶的商業價值。

行人天橋帶旺荃灣西

另一個令到荃灣西站樓價更上一層樓的因素是荃灣行人天橋系統，大河道的天橋早已完成，還有大涌道的天橋正在興建中，當聯仁街和關門口街的天橋也完成之後，可以看到整個天橋網絡，並不是以荃灣站為中心，而是以荃灣西站為中心，就是將人流帶引到荃灣西站，透過西鐵綫擴散出去。由於西鐵的速度遠比荃灣綫快，到達尖沙咀的時間遠比荃灣綫短，加上西鐵柯士甸站就在高鐵站的對面，所以荃灣西站的交通遠比荃灣舊區快捷。

荃灣西站形成商場群組

在荃灣西站屋苑商場群組之中，也有重心之中的樞紐。全‧城滙前身是荃灣運輸大樓，其售樓說明書中，可看到一樓連接周邊的24小時行人通道，分別連接荃灣西站、巴士總站所在的如心廣場、前稱吉之島的AEON百貨店所在的灣景廣場、透過祈德尊新邨平台通過一田百貨所在的荃灣廣場：一個小型的商場群組就在荃灣西站出現了。

對外交通基建已經發達，加上現有的購物設施，以及正陸續入伙的荃灣西站多個發展項目，還有沿著楊屋道的住宅及商業項目，加上荃灣南部工業區的轉型，荃灣西站可算是新界南較理想的物業投資點。而且，該區除了住宅之外，還有非住宅的地舖以及工貿物業可以投資。

荃灣西站成為荃灣新重心。

筍盤錦囊

筆者預料傳統的荃灣住宅區將被邊緣化，包括青山公路兩旁的荃灣舊區、荃灣站的屋苑、荃景圍一眾舊屋苑，樂觀來說，這些住宅區提供了上車物業，當然，樓價表現就難以有很大的期望。

不過更為受惠的，是能左右逢源的屋苑，就是萬景峰，位置處於荃灣站和荃灣西站之間，也是荃灣舊區與新區之間，無論在交通上和社區設施均享盡優勢，所以多年來成為荃灣的龍頭盤。

除了上述中小型住宅和非住宅物業外，荃灣半山沿荃錦公路有兩個屋苑，能提供大面積的單位，包括：寶雲匯有211伙住宅、315個車位；朗逸峰有770伙住宅、695個車位。

根據2018年中一份報導，寶雲匯入場叫價75萬，朗逸峰80萬，相信是由於公契局限，只可出租給住戶，但只要購入一個住宅，再同時購入多個車位，車位的短缺或者可以創造利潤。

5.2

跨境基建：
帶動商業價值

筆者認為，荃灣有機會承接跨境基建帶來的機遇，而此區的工商物業會比住宅物業更為受惠。香港多年來策劃的跨境基建正陸續落成，比如2018年落成的港珠澳大橋和廣深港高鐵、2019年的蓮塘香園圍口岸及相關道路、2020年機場第三跑道完成填海、2024年完成機場新大樓。這些基建是用以應付預期增多的跨境客運量，對於外來人流大增，怎樣增加香港的景點、酒店、購物設施，以服務遠方的來客呢？

可惜的是，東涌現時只有有限購物設施和酒店，北區則連一間像樣的酒店都沒有。市區亦難以應付日益增加的客量，比如九龍城碼頭一帶到上瓜灣、紅磡，平日已經有大量旅客，到周末和長假期更是擠得水洩不通。

荃灣的工廠群，有潛質發展成為樓上舖。

不但港九市區已沒有太多剩餘空間，就連沙田、元朗、屯門等新市鎮，均已出現設施不足。在這個情況下，荃灣就變得很有優勢。

荃灣的商業優勢

交通樞紐：荃灣位置極具優勢，新界南位於九龍市區旁，而荃灣則是新界南的交通樞紐，可以成為跨境旅客的集散之地。例如上水廣場有特快巴士路綫到達如心廣場；乘搭高鐵可到對面柯士甸站轉乘西鐵，十多分鐘就能到達荃灣西站的商場群組；機場旅客也可在青衣站轉車直到荃灣綫。

酒店和商場大增：招待旅客的酒店和商場，荃灣近年陸續增加。新增的酒店項目，除了如心酒店和前楊屋運動場的商業項目外，還有數個工廈改建而成的酒店，房價比市區酒店相宜。至於商場，如前文所述，已在荃灣西站一帶形成了購物帶。

旅遊資源眾多：很少人知道荃灣半山有很多寺廟，包括西方寺、龍母佛堂、船廟、圓玄學園，其中西方寺於2003年完成重建，成為龐大的仿古風格建築群以及觀音山文化博覽區。另外，南豐紗廠改建而成的 The Mill 主題商場，亦提供了另類的購物體驗。筆者認為現時荃灣大涌道的工廠群，有潛質發展為樓上購物產業，類似現時觀塘開源道一帶的工貿大廈

活化工廈：
帶來商機

由於鄰近貨櫃碼頭，新界南有廣泛的工業用地，然而隨著上世紀的工業北移，工廠區不免步入下行之路。以往人來人往的情況已大為遜色，部分位置欠佳的工廈，更出現大量空置的情況。

其後事情的轉機出現，政府推出政策鼓勵工業轉型，並於2009年推出活化工廈措施，鼓勵舊式工廠大廈重建或整幢改裝，容許15年以上舊工業大廈業主，免補地價將整幢工廈改裝活化。例如葵涌陶比工業大廈（Toppy Tower）整幢改裝成荃灣帝盛酒店、橙色空間工業大廈透過活化工廈改建為荃灣絲麗酒店，以及聯泰工業大廈改建成銀座式商場項目「Life@KCC」。

葵興站大連排道一帶，多個活化工廈項目激活該區租金。

除了活化工廈之外，私人發展商也積極尋求重建，例如葵興九龍巴士廠就重建為九龍貿易中心(KCC)、由恆通製衣大廈改建而成的KC100、大連排道甲級商廈K83、葵涌道與葵安道交界商貿項目等，帶動了區內現有的工廈租金上升。

辦公室漸趨微型化

另一方面，隨著科技發展日新月異，特別是互聯網及其他通訊技術，衍生了大量的支援服務，出現辦公室微型化(Mini Office)的現象，令到創業的成本大為減少。例如以前的公司要有送件員，

在圖文傳真（Fax）、電子郵件、電子認證，甚至順豐這類速遞服務陸續出現後，很多工序都可以完全使用外判服務。

近年，筆者在葵興某工廈租賃了一個單位使用，發現原來很多原本的工廠單位，已轉型為網購公司的貨倉和寫字樓，甚至是影樓、寵物酒店、花店等用途。後來才知道附近多個工廈，都有單位被間細為「劏寫字樓」，原本幾千呎大的工廠單位，被劃分為多個百多呎至數百呎的小型單位。基於這種分間符合社會的大趨勢，近年非住宅物業價格，特別是工貿單位的價格比住宅還要升得快。

新界南工貿用地分佈

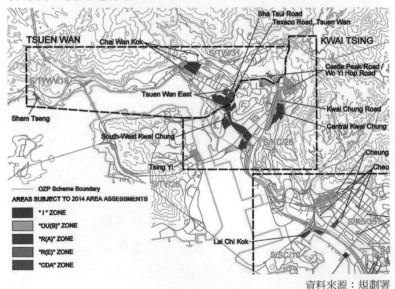

資料來源：規劃署

https://www.pland.gov.hk/pland_en/p_study/comp_s/industrial_report_2014/plans/p1.pdf

投資錦囊

跨境遊客帶來的人流，對於非住宅物業的益處遠
大於住宅物業，鑑於過去幾年，荃灣的住宅樓價
並未有突出的表現，工商物業在未來幾年有機會
更加受惠。

與住宅不同，投資工貿單位要著重的不是會否鄰
近港鐵站，而是上落貨是否方便，一些沒有自設
地下貨台的工廈近港鐵站也無用，因為貨車難以
找到就近的泊位，就意味著較少行業可以使用，
影響租值。

至於發展樓上商店，由於工貿用途物業並不容許
進行零售，但網上業務（eCommerce）並不屬於零
售用途，可以用作儲物室、陳列室、換領處等，
就要考慮要交通方便。若果是用作分間辦公室或
商務中心，除了地點要方便，更要考慮投資到裝
修方面而影響到回報。

青衣站：
極速抵達跨境口岸

青衣並不是鐵板一塊，大眾忽略區內個別地方的差異。

現時青衣的地段分布如下：

住宅群：青衣站、青衣碼頭、青衣南、青衣中

工業用地：青衣碼頭以南、北岸的青衣船廠、東南岸的九號貨櫃碼頭，以及南岸和西岸的油廠、船廠、船塢

先說住宅分布，除了曉峰園外，青衣的私人屋苑均聚集在三個地方。以前未有港鐵東涌綫前，青衣碼頭有快船到達中環，同時又有專綫小巴接駁葵芳站，當時是全島最方便的地方；青衣南的美

青衣站交通方便，跨境容易，附近的物業有一定潛力。

景花園則有巴士到達荃灣站和小巴到達葵芳站，藍澄灣則是作為碼頭和民居之間的緩衝區。總體而言，青衣曾被視為交通不便。

東涌綫和機場快綫的開通，令青衣進入了港鐵的網絡，上蓋項目盈翠半島和牙鷹洲油庫重建的灝景灣亦成為青衣的新板塊，多年來成為區內的龍頭屋苑，然而樓價只穩步上升，未有突出的表現。

青衣站連接跨境交通

不過，筆者認為青衣站有一定的潛力，因為青衣站是機場快綫站，可以快捷地到達機場。同時，青衣站也是東涌綫車站，可以到欣澳站或東涌站乘車到港珠澳大橋，亦可以到九龍站轉乘高鐵，對於經常需要公幹的人來說就很方便，

青衣島並沒有商業區，在青衣碼頭以南的工業區也顯得破舊，亦不見得有多少投資機會，但青衣島的西岸和南岸均不在維港範圍以內，可以填海造地，而且土地業權集中，方便收地發展，加上本身亦已有交通基建，實在有巨大的發展潛力。

遷碼頭 釋放土地價值

過去政府屢次研究興建十號貨櫃碼頭的可行性，但政府不同報告指出，在青衣西南部發展十號貨櫃碼頭，技術上可行，但財務及經濟的角度則不具成本效益，透過一系列改善措施，增加現有貨櫃碼頭的處理能力，已可應付未來的增長，十號貨櫃碼頭的規劃亦因此擱置。

隨著香港貨櫃碼頭設備的老化，將碼頭搬出外海將會是大勢所趨，葵涌和青衣現時的碼頭用地有機會重新發展，而青衣西南岸作為潛在的碼頭選址，理應也可以釋放出來。

填海造地 發展住宅區

2011至2014年期間，政府進行《優化土地供應策略：維港以外填海及發展岩洞》研究，五個近岸填海地點之一就包括青衣西南。在《土地供應專責小組報告》中將之列為維港以外近岸填海的選址之一，然而政府小組報告中指出，由於青衣西南的填海選址面對的限制甚大，政府不擬推展該項目。

「葵青新區」概念圖

葵青新區概念圖

● 住宅　　● 商業/酒店　　● 政府、機構或社區設施　　● 休憩用地　　● 道路

註：此圖則上所顯示之土地用途面積與形狀，均為初步假設，純粹作為表達概念之用，並不代表將來的設計。
資料來源：團結香港基金。

資料來源：團結香港基金

把貨櫃碼頭遷移到外海島嶼，將會為該區釋放大量土地。

團結香港基金亦在填海報告中，提出「葵青新區」概念，就是將現有的葵青貨櫃碼頭搬走，再加上在青衣島維港以外範圍填海，形成全新的住宅新區。

以筆者之見，葵涌位於連接九龍西和新界南的樽頸地帶，而青衣和昂船州則是位於港島和大嶼山之間的踏腳石，現時亦有多條大橋連接，與其保留為碼頭、船塢、油庫，倒不如下點功夫把這些設施遷移到外海島嶼，原址作為擴展都會區之用。

林鄭月娥政府已明言青衣和馬料水兩個項目不再考慮，但這並不是沒有檢討的先例，比如十號貨櫃碼頭在曾蔭權時代要上馬，然

後在梁振英時代被否決，畢竟香港的規劃是與時俱進，並且具有研究和諮詢的機制，不排除未來可以重新立項，到時青衣的土地價值增長不可以道里計。只不過在這件事上不議不決，區內的格局只有原地踏步。

投資錦囊

青衣島上的屋苑較為分散，不同位置有不同的定位，其中青衣站的盈翠半島和灝景灣，受著青衣站可以直達機場之便，又有大型商場，又有較多的康樂設施，是區內最高的市場定位。次一級的是青衣碼頭一帶，其中尤以海欣花園是全海景有會所，較翠怡花園更理想。

上車之選可考慮青衣南的美景花園和藍澄灣，銀碼較細及有商場，交通尚可，唯獨是青衣中部近公屋和村屋一帶，兩頭不到岸，商業價值較低，自住尚可，作為收租或升值就稍遜一籌。

貨櫃碼頭：
搬遷後土地更有價值

有學者討論的搬遷葵涌貨櫃碼頭，建議重建為住宅，成為一時熱話。上世紀不少港口設施均改建為住宅，例如太古城和黃埔花園由船塢重建而成；美孚新邨和麗港城是油庫改建；和富中心前身是貨倉。

把葵青貨櫃碼頭搬到更適合的地點不失為一石二鳥之策。原因如下：

1. 香港貨運需求遠沒有預期的高速增長，應釋放原址的土地；

2. 把葵青貨櫃碼頭搬遷，並轉為自動化碼頭科技，可提升效率，比如九號貨櫃碼頭（北）引入自動貨箱堆疊系統，成功把效率及生產力提升兩成；

貨櫃碼頭佔地極度，搬到外海更為化算。

3. 第七代貨櫃船需要更深的吃水，葵青現時的泊位要進行疏浚
   工程，需加深航道，搬到水深的海域可容納日後吃水更深的
   貨櫃船。

亦有人建議在碼頭上方加建平台，以容納住宅發展，這在香港其
實早有先例：港鐵觀塘綫九龍灣車廠上的德福花園；港鐵各綫車
廠亦興建了綠楊新邨、杏花村、駿景園、御龍山、名城、日出康
城；還未完成的日出康城和黃竹坑站；現時八鄉車廠和小蠔灣車
廠亦正規劃興建上蓋住宅。

然而，碼頭上建上蓋，除了會對環境造成影響如噪音、光害、空氣污染外，筆者認為最大的問題是，此舉會令未來重置碼頭時，出現無可解決的變數。直接點說，如果他日另覓地點搬遷碼頭，怎樣處理碼頭上蓋的住宅？到時拆又不是，建又不是，又可能陷入無止境的麻煩和爭拗當中。

建外港碼頭 釋放土地

筆者早於2012年已建議將貨櫃碼頭搬離現址，在網上專欄曾提出過兩個方案，後來在立法會土地供應小組的會面當中，筆者再提出第三個建議：在香港以南珠海管轄的島嶼，挑選理想的地點以「陸域吹填」方式發展全自動貨櫃碼頭，成為大灣區的外港，並主力國際轉運服務，讓包括香港在內的各市港口，可以此港口為集散地。

這個建議除了可釋放貨櫃碼頭的土地外，更可集中管理位於新界各地的物流設施，例如位於棕地之上的貨櫃場、物流園、內河碼頭、油庫、船塢、船廠等，把這些作業遷到外港碼頭，就可以陸續把土地騰出並重新發展。

事後有朋友提醒筆者，香港之所以能保有為數達六成的國際轉口貨量，根本原因是香港獨特的關稅與司法地位，為了彌補其不足之處，可以提請中央把現時屬於珠海的部分水域劃入香港版圖，又或者乾脆把碼頭選址在香港的水域之內。

貨櫃碼頭發展方向

關於葵青貨櫃碼頭遷移的探討如下：

- 規劃署在《香港2030+》報告提出長洲南填海造地的可能性；

- 土地供應專責小組的討論文件提及，長洲南填海極具潛力，葵青貨櫃碼頭遷移到那裡具可行性，至於長洲南填海地點，將會於中部水域人工島的研究作出探討。

另外，報告亦提到葵青貨櫃碼頭用地兩個選項：「重置葵青貨櫃碼頭」及「葵青貨櫃碼頭上蓋發展」，小組認為兩個選項對解決短中期以至中長期土地短缺的幫助不大。

- 政府在回應文件中明言，重置如此大型的基建設施是一個涉及多方面影響及介面問題的重大項目，政府會優先處理其他土地供應選項的工作。

既然搬遷碼頭只停留在概念性的探討階段，可預期葵青貨櫃碼頭將長期存在，對新界南整體發展無疑是負面的，特別是區內可開發的土地已所剩無幾，大部分海岸綫又位於維港範圍之內，青衣南岸和西岸的發展，也要等待當局回心轉意。

第六章

新界西

變化多端的未來

【元朗區・屯門區】

羅湖站 ✳

落馬洲站 ✳

上水

新田

屏山

天水圍

廈村

天水圍站 ✳   朗屏站 ✳ 元朗站 ✳   錦田

元朗

八鄉

錦上路站 ✳

十八鄉

洪水橋

兆康站 ✳

兆康

屯門操炮區

青山   ✳ 屯門站

屯門

大欖郊野公園

青山灣

碼頭   掃管笏

小欖

第六章
新界西
變化多端的未來

屯門元朗過去十多年來飛躍發展，元朗由大馬路兩旁的小市鎮向四周擴展，屯門由被視為藍燈籠變為受惠於自由行的購物熱點，天水圍更由悲情城市變成樓價節節上升，著實令人對於新界西另眼相看。

元朗由原本的邊陲小鎮一躍而成為新市鎮，為容納更多人口而向外擴展，最終商業價值總要有個焦點，本來元朗站有機會爭奪龍頭之位，然而更多跡象顯示朗屏站一帶更有發展潛力。

屯門佔有了向北以西部通道連接深圳前海，向南以屯門赤鱲角連接路接駁機場和港珠澳大橋，站在大灣區的層次，沒有更佳的區位了，加上市中心的商場群組提供的商業價值，樓價有機會更上

一層樓,「升到屯門就見頂」的說法不攻自破。

現時新界西「屯荃天」的結構過於分散,若果能像珍瓏棋局那樣,
建設一個相應的新市中心,是不是更符合未來的發展形勢呢?政
府給予的答案是洪水橋新發展區,特別已預留了土地作洪水橋
站,然則成事的機會又有多大呢?

新界西的棕地眾多,令人對之有很高的期望,然則從實際的操作
上是否真的那樣理想呢?將在此作出分析。

6.1

大西北：
龍頭之爭

新界西俗稱「屯元天」，所指的就是屯門、元朗、天水圍三個新市
鎮，當中元朗和天水圍構成了元朗區，至於洪水橋，雖有更多土地
資源，但實難以成為「副都心」。

一般人視元朗和天水圍是兩個新市鎮，主要原因是兩者之間有一大
片緩衝區：鬐山是元朗平原中一個較高的山崗，西邊的天水圍已建
屋到山腳，東邊的山腳是橫洲公屋項目，對面是朗屏邨，離朗屏站
不遠。

元朗土地資源足以支持長遠發展。

元朗與洪水橋的「分裂」

另一方面，洪水橋新發展區的藍圖東端是天水圍西鐵站，北邊是天水圍對面的流浮山，南接現時洪水橋輕鐵站一帶的洪水橋墟，落實之後，洪水橋和天水圍就會合而為一。另外，元朗南新發展區亦把唐人新邨向南延伸到大帽山腳的大棠，還有凹頭的錦上路站以及八鄉車廠，也是政府銳意發展的地方。種種加起來，就是元朗區內的大部分平地都會都市化，規劃的情況像沙田、大圍、火炭、馬鞍山、烏溪沙、十四鄉，幾個地方連成一片。

現時沙田站一帶是沙田區的重心，即使馬鞍山站略具規模，也只能成為附庸。採用這個視角可以推測元朗區未來的結構，元朗跟天水圍難以成為一個區域，更大機會是以髻山為界，東邊歸元朗，西邊歸洪水橋，而天水圍完全邊緣化，成為洪水橋的一部分（見下圖，藍色分界綫為髻山）。

洪水橋新發展區引發的「分裂」

洪水橋有條件獨當一面

或者有人會認為，既然馬鞍山不能獨當一面，為何洪水橋又可以自立門戶呢？根據規劃，洪水橋會有大面積的商業物業落成，不像馬鞍山以住宅為主。因為洪水橋有更多土地資源，以及在大灣區擁有相對位置優勢，至於有人建議在洪水橋設立「新界北核心商業

區」，甚至建立「副都心」，筆者則認為未必可以，甚至認為該帶樓價難以追上元朗市中心，筆者將於本章6.3詳述。

投資錦囊

現時元朗樓價分布平面化，意思是元朗不同屋苑的呎價，並不會因為位置不同而有顯著差異，但若然洪水橋真的做起來，樓價分布將會出現兩極化，因此投資元朗物業時，應考慮投資標的與未來區域重心的距離。

這種發展的趨勢，意味著天水圍的經濟地租會有消散的傾向，連天水圍銀座酒店亦申請改建成為住宅項目，意味著天水圍住宅未來的前景可能不樂觀。最大的影響是嘉湖山莊，靠近西鐵站的樂湖居和賞湖居還好一點，直接受到影響的是景湖居、麗湖居和美湖居，特別要指出的是隨著天榮站項目和濕地公園的兩個地盤落成，而社區設施沒有增加之下，甚至連居住質素都會下降。

智取筍盤2——升值地段大發現

6.2

朗屏站：
或成元朗新重心

交通模式的改變足以使區域重心轉移，荃灣新市鎮的發展歷程就是
例證，元朗也是一樣，基於元朗區不斷有大量新樓落成，人口十年
來增長約10萬，再加上自由行開放後的跨境人流，形成商業活動
範圍續漸擴大，原有大馬路的商圈已不足以應付需求，出現產業外
溢的現象。

元朗輕鐵總站以及西鐵元朗站位於元朗新墟東北，以前稱為雞地一
帶，新增的屋苑和商場一度有潛力接收元朗大馬路的商業活動。
可是事態的發展卻出乎所料：朗屏站有機會於未來五至十年異軍突
起。筆者多次實地觀察，公屋元朗邨拆卸後有一半地盤發展成私人

元朗大馬路經常出現人車爭路，產業或會外溢至朗屏站。

屋苑，旁邊的大橋村亦將會重新發展，朗屏站南北地盤亦已動工並陸續入伙，後方的東頭工業區正在進行產業轉型以及重建住宅。

早在2011年路政署為元朗市行人環境改善計劃展開可行性研究，其中包括沿元朗市明渠興建連接西鐵朗屏站的高架行人通道，筆者認為，這是預示著元朗的區域重心也將會西移至朗屏站一帶。

元朗市行人環境改善計劃

資料來源：路政署

筆者曾經對元朗站有所期望，然而大家重溫歷史，單一業主壟斷墟市往往導致其他人另立新墟，除了發生在元朗新舊墟交替外，上水石湖墟也分出了粉嶺聯和墟，大埔舊墟也分出了富善新墟，均是前車可鑑。

由此，筆者認為業權更加分散的朗屏站，前景可能比元朗站看高一

綾，除了有西鐵之便，其位置接近元朗大馬路、工業轉型、新建行人天橋網絡，亦有利於人流聚集。當然這不意味著元朗大馬路和元朗站會弱化，只是現時元朗大馬路人車爭路，產業外溢到朗屏站一帶機會更高。

元朗周邊屋苑分佈

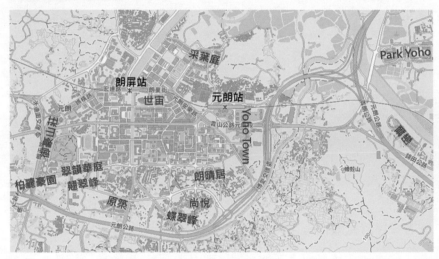

投資錦囊

坊間只視元朗為鐵板一塊，其實不同位置住宅或商舖均因應朗屏站崛起而作出變化，大馬路一帶的舊樓市場亦將向西北方向靠攏，形成元朗南方馬田路以南的一眾屋苑因而受到損害，包括朗晴居、朗怡居、尚悅、蝶翠峰、原築，由於距離西鐵站太遠，加上未來商業活動向朗屏站靠攏，削弱了升值潛力。

元朗西方圍繞元朗公園的各個屋苑，如御豪山莊、柏麗豪園、翠韻華庭、翹翠峰，將會從市鎮邊緣成為核心的外圍，後方唐人新村一帶更被劃為元朗南新發展區。

元朗東方包括Yoho Town、采葉庭等仍能因應元朗站本身的發展而受惠，但是更遠的爾巒、Park Yoho等，又將步其他不完整社區的後塵而跑輸大市。

洪水橋：
難成「副都心」

洪水橋的發展的確可以令洪水橋「自立門戶」，但要若在洪水橋設立「新界北核心商業區」，甚至建立「副都心」，筆者則認為條件仍然不足。

網上曾傳出深圳建議在前海興建一條跨境鐵路連接洪水橋，事後被港府否認。然而規劃署前署長凌嘉勤透露，當年規劃時，的確有在擬增設的洪水橋港鐵站的站前廣場地底，預留空間，以便將來加建有轉乘功能的鐵路站，興建跨境鐵路連接前海一帶。

洪水橋跨境鐵路多此一舉

政府早在2007年的《施政報告》已提出建造「港深西部快速軌道」，其主綫將港深兩地機場連接，同時亦會有支綫連接洪水橋，並於前海設站，後來因財務問題擱置。現時香港國際機場提供「港深機場中轉服務」，旅客可以預辦中轉航班的登機手續和領取登機證，交通則有每30分鐘一班的客車，或者按需要訂轎車。

深圳現正興建機場高鐵站，落成後可以在深圳北站轉車到達，硬要在兩個機場之間建一條直駁鐵路有點多此一舉。若由新界西出發，想乘公共交通前往深圳，經西部通道到深圳灣口岸，再轉車到前海也可以。

發展商業區只是徒勞無功

凌嘉勤亦提及向特區政府提交意見書，促請當局將洪水橋的發展定位升級為「新界北核心商業區」（CBDN），類似的意見早在2008年高鐵爭議時已有人提及，在錦上路設高鐵站，並順道發展成「副都心」。副都心本來是日文，意思是「大城市裡新產生的中心地區」，在日本和台灣均有設立，有些人想將之引入香港，希望平衡維港兩岸的擠迫、減少往來郊區和市區的人流。

洪水橋新發展區的建議發展大綱

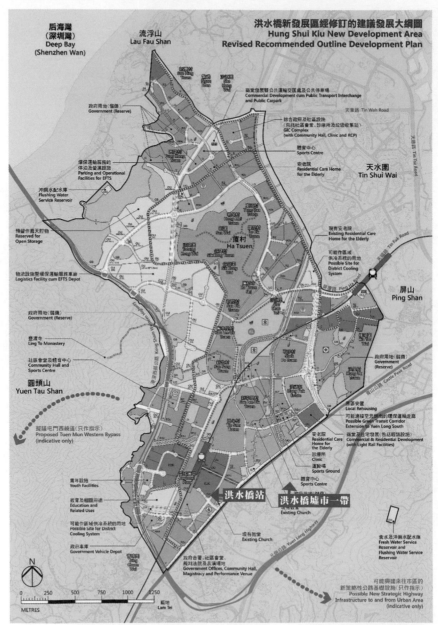

洪水橋新發展區經修訂的建議發展大綱圖
Hung Shui Kiu New Development Area
Revised Recommended Outline Development Plan

後海灣
（深圳灣）
Deep Bay
(Shenzhen Wan)

流浮山
Lau Fau Shan

商業發展暨公共運輸交匯處及公共停車場
Commercial Development cum Public Transport Interchange
and Public Carpark

天華路 Tin Wah Road

政府用地（儲備）
Government (Reserve)

綜合政府及社區設施
（包括社區會堂、診療所及垃圾收集站）
GIC Complex
(with Community Hall, Clinic and RCP)

體育中心
Sports Centre

安老院
Residential Care Home
for the Elderly

天水圍
Tin Shui Wai

環保運輸服務的
停泊及營運設施
Parking and Operational
Facilities for EFTS

沖廁水配水庫
Flushing Water
Service Reservoir

夏村
Ha Tsuen

天瑞路 Tin Shui Road

現存安老院
Existing Residential Care
Home for the Elderly

可能作區域
供冷系統的用地
Possible Site for
District Cooling
System

屏山
Ping Shan

預留作露天貯物
Reserved for
Open Storage

物流設施暨環保運輸服務車庫
Logistics Facility cum EFTS Depot

政府用地（儲備）
Government (Reserve)

靈渡寺
Ling To Monastery

社區會堂及體育中心
Community Hall and
Sports Centre

圓頭山
Yuen Tau Shan

屏山/121公路 Castle Peak Road

政府用地（儲備）
Government
(Reserve)

擬建屯門西繞道（只作指示）
Proposed Tuen Mun Western Bypass
(indicative only)

本地安置
Local Rehousing

可能通接至元朗南的環保運輸走廊
Possible Green Transit Corridor
Extension to Yuen Long South

商業及住宅發展（包括輕鐵設施）
Commercial & Residential Development
(with Light Rail Facilities)

安老院
Residential Care
Home for the
Elderly

診療所
Clinic

運動場
Sports Ground

體育中心
Sports Centre

青年設施
Youth Facilities

教育及相關用途
Education and
Related Uses

可能作區域供冷系統的用地
Possible Site for District
Cooling System

政府車庫
Government Vehicle Depot

洪水橋站

洪水橋墟市一帶

現存教堂
Existing Church

食水及沖廁水配水庫
Fresh Water Service
Reservoir and
Flushing Water Service
Reservoir

現存教堂
Existing Church

政府合署、社區會堂、
裁判法院及表演場地
Government Offices, Community Hall,
Magistracy and Performance Venue

洪水橋公路 Yuen Long Highway

可能興建通往市區的
新策略性公路基礎設施（只作指示）
Possible New Strategic Highway
Infrastructure to and from Urban Area
(indicative only)

N

0 250 500 750 1000 1250
METRES

藍地
Lam Tei

洪水橋新發展區

資料來源：https://www.hsknda.hk

智取筍盤2——升值地段大發現

根據洪水橋新發展區的發展大綱圖（見左圖），不難看到規劃以洪水橋站（西鐵）周邊為中心，並輻射至天水圍站，但要去到副都心的層次，無論要到市區、機場、大灣區等，發展區對外的交通基建就稍嫌不足。

實事求是，香港是一個很細小的地方，只有1,000平方公里多一點，人口也未達千萬，由西鐵屯門總站到高鐵站旁的柯士甸站只需要半小時，建跨境鐵路根本難以節省時間，更可能不利於產業集聚的效應。筆者認為洪水橋可以分到元朗的半壁江山已是極限，要成為CBDN或副都心，條件還未足夠。

投資錦囊

現時洪水橋只有輕鐵站，未來的西鐵站與洪水橋墟市有一段距離，期望西鐵帶動未來樓價上升，有點不設實際。而且洪水橋作為一個低密度的舒適居住地方，現價比起元朗市中心的折讓將會長期化，不存在追上的可能性。

既然難言長遠升值，倒不如集中發掘居住價值，除了樓齡較高的一系列X珊園外，還有樓齡較新設備較佳的泉薈、尚城、蔚林等半新屋苑，均是與輕鐵站一街隔，若然是駕車一族，可考慮區內老牌屋苑菁雅居，以及較新的富豪‧悅庭等。

屯門：
具發展機遇

多年前坊間有一種意見認為，炒到屯門樓個市就見頂，原理是來自股市的浴缸原理，劣質股最遲上升，即是說屯門樓最低質。不是說股市理論不可套用在樓市，但把屯門樓當作最低質，卻是有點脫離市場現實，要講條件更遜色的地區應該是深井，2018年深井終於升破1997年的頂位後，樓市又真的回落了。

建繞道 屯門盡頭變樞紐

西鐵接通紅磡後，屯門樓價有飛躍的發展，相信不用筆者多言，但這種脫胎換骨的轉變，是否已走到終點？

屯門青山灣計劃設立西鐵新站。

從未來交通基建的發展推論，現時屯門站對面的鄉事會路，集中了不少服務大灣區遊客的店舖，成行成市，主要的原因是西部通道的落橋位置接近屯門多於元朗。

正在被區議會諮詢的屯門西繞道（見後圖紅綫），兩個方案分別以屯門青田路為出口，或者在洪水橋站附近，這條通道的重要性在於連接西部通道和屯門至赤鱲角連接路。通道完成後，就無需行經屯門公路、汀九橋、青馬大橋和北大嶼山快速公路，新界西到機場的路程亦縮短達20多公里，更可以在人工島接駁到港珠大橋。

屯門西繞道規劃藍圖

港珠澳大橋香港段
資料來源：www.hzmb.hk

積極規劃 釋放土地價值

除了對外交通之外，屯門內部的土地開發亦會令土地價值釋放出來。以下是部分屯門土地開發的計劃：

· 位於兆康苑後方的紫田邨，正進行大型公屋發展，發展商將會興建4,500個單位，以及110萬方呎商場，面積媲美太古城中心；

· 青山公路沿綫正在大興土木興建多個公私營住宅項目（特別是小欖和掃管笏）；

兆康多個項目將提高經濟地租。

- 屯門碼頭附近將會是屯門南延綫的選址;

- 內河碼頭及毗連的屯門40和46區將會發展,根據2018年施政
  報告,龍鼓灘的填海工程,以及屯門西的規劃正在研究當中,
  其中內河碼頭可釋放65公頃用地,提供2.2萬個住宅單位。

現時屯門市中心已有多個相連的商場,範圍在屯門大會堂和屯門站
之間。政府已將屯門工業區內多幅土地改劃為綜合發展區;另外,
屯門站的對岸是巴士廠,時機成熟時,巴士公司大股東會把巴士廠
改為大型發展項目,鄰近的工廈亦早已進行轉型和活化。

筆者認為屯門樓價有更上一層樓的機遇,相對於元朗土地供應過
剩,內部結構還未成型,屯門市中心正在圍繞屯門站發展,兆康站

一帶亦將會出現人流和產業增長，因公私營屋苑相繼入伙，所謂
「升到屯門就見頂」自然是不攻自破。

投資錦囊

由於屯門的輕鐵網絡比元朗發達得多，而輕鐵轉
西鐵可以減去輕鐵的車資，所以屯門各屋苑的樓
價差別不似元朗那麼大，鄰近西鐵站的屋苑是區
內不二之選。

屯門站除了上蓋物業瓏門外，其餘天橋相連的屋
苑均是以細單位為主，均是大同小異，要追求較
高居住質素可考慮自設商場會所的卓爾居，退而
求其次有單位面積較大的大興花園、翠林花園等。

兆康站由於鄰近嶺南大學，就多了出租予學生的賣
點，疊茵庭、聚康山莊，甚至遠一點的綠怡居和豫
豐花園等，均是低密度和硬件設施較佳，不過要留
意兆康站一帶的購物設施遠遠比不上屯門市中心。

另外，如上文而言，屯門工業區將有所發展，該
區的非住宅物業也提供了投資的機會，大家可以
細心發掘。

6.5

棕地：
發展之難題

在香港土地供應爭議當中，有團體曾指出全港的棕地達 1,192公頃，建議政府積極管理及發展棕地，代替開發綠化地或郊野公園，甚至代替東大嶼填海計劃。

根據維基百科，在美國，棕地是指「過去供工商業使用、且或許受到低程度污染、經清理後具有重複使用開發可能的土地。」，但在香港並無嚴格的定義。環保團體的定義，棕地由綠化地帶或農田，經破壞後改變為其他用途，如貨櫃場、回收場等。換句話說，這些土地是私人土地，並且現時有業務運作，若政府要收回發展，就要涉及收地及安置等程序。

開發成本重時間極長

元朗擁有全港最大的可開發土地面積，並且有洪水橋和元朗南兩個新發展區計劃，在《香港2030+》提出的新界北發展中，新田／落馬洲發展樞紐也是在元朗區之內。筆者就以元朗區洪水橋新發展區作為個案分析，探討發展農地和棕地的困難。

資料來源：發展局呈立法會文件

https://www.legco.gov.hk/yr16-17/chinese/panels/dev/papers/dev20170626cb1-214-1-c.pdf

土地零碎：由於棕地往往是無序發展，每塊面積細少，土地零碎，要作大規模的發展往往要一段長時間。究竟有多零碎呢？根據土木工程拓展署2017年10月提供立法會的文件，估計新界約有1,300公頃棕地，當中四個新發展區內有540公頃。

作業重置過程繁複：以洪水橋新發展區為例，714公頃的土地中有190公頃受影響棕地，佔26.6%。受影響棕地約90%屬私人土地（包括集權擁有的祖堂地），夾雜於農業活動、村屋、寮屋之間，涉及逾300個經營者和約3,000個工人。政府要預留24公頃土地，將部分受影響的棕地作業，重置到多層樓宇及露天用地，另外又要預留37公頃土地作現代物流設施，更要研究另一幅約3.8公頃的土地（於元朗工業區附近）作相關用途。

再者，洪水橋內的棕地作業分布零散，而且作業類別和性質多樣化，當中有貨櫃、車輛、機械、建築物料等的露天貯物場，亦有各種較活躍的工業（如物流、車輛維修、回收和拆卸、木材切割）。

大家可以想一想，要收回棕地除了涉及金錢賠償，更要另覓土地，安置現時的作業。洪水橋區內的貨運業已向政府提出反對，並認為安置在多層大廈不設實際，要求安置在平整的土地上。如果安置在

棕地往往分佈零碎，中間夾雜不同的棕地作業，發展需時。

露天用地，實際上能夠得到多少額外的土地？相信連民間團體也解答不了這個問題。

淨化土地成本高：收回棕地後，又要面對去除土地污染的問題。根據洪水橋新發展區環境影響評估報告，區內有480個潛在污染的場址，或含有金屬、揮發性有機化合物、半揮發性有機化合物、石油碳分子範圍及多氯聯苯。部分土壤和／或地下水確認受到污染，需

要以獲批的整治計劃作整治工作，整治完成後，整治報告亦需環境保護署批核。在獲批前，有關場址不可進行任何發展工程。

洪水橋新發展區已研究超過20年，四個新發展以外棕地佔地760公頃，真的要進行發展的話，所花的成本和時間隨時遠超填海。

第七章

新界北

邊境經濟日漸減弱

【北區・大埔區】

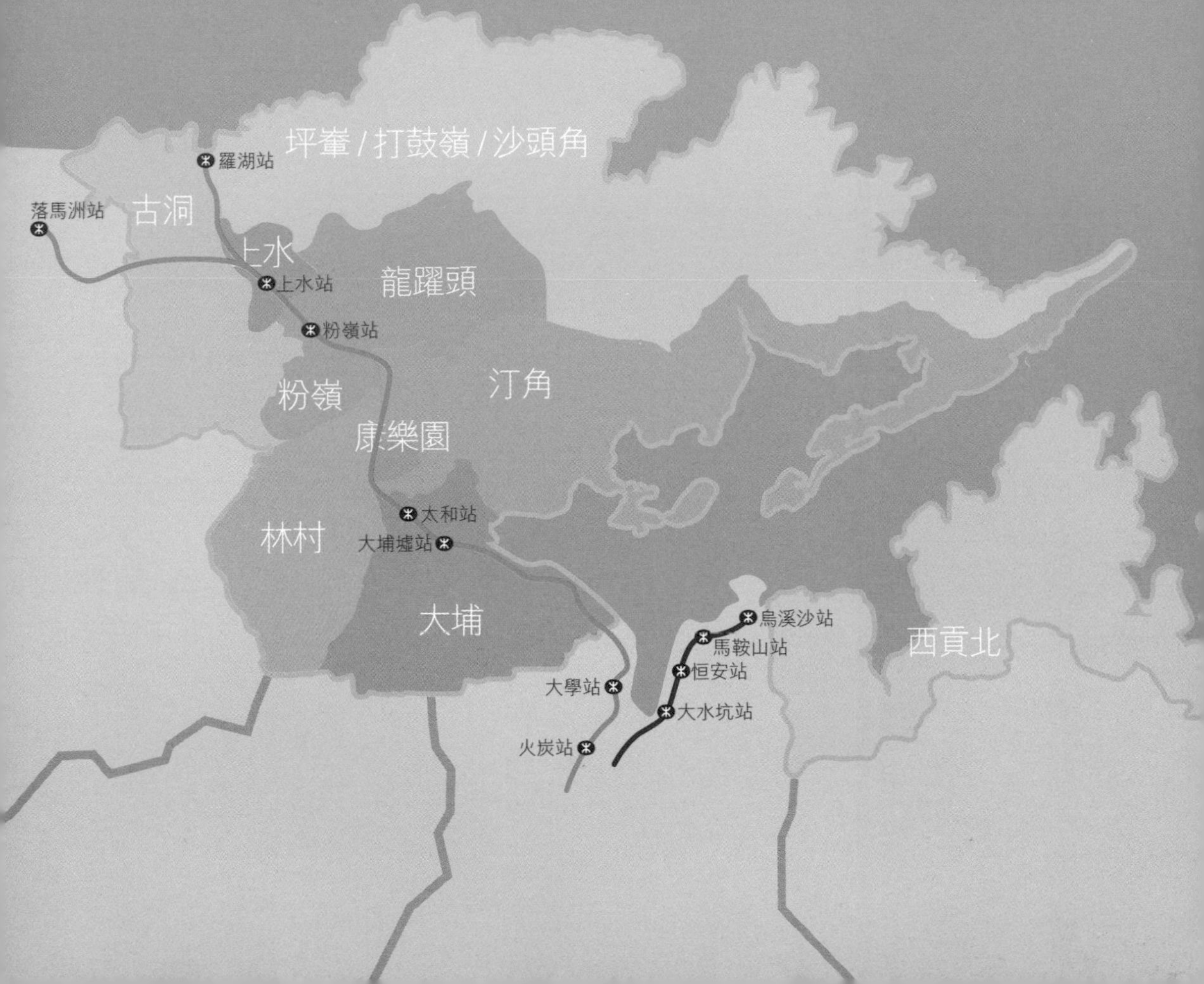

坪輋 / 打鼓嶺 / 沙頭角

羅湖站

古洞

落馬洲站

上水

上水站

龍躍頭

粉嶺站

汀角

粉嶺

康樂園

太和站

林村

大埔墟站

大埔

烏溪沙站

馬鞍山站

恒安站

大學站

大水坑站

西貢北

火炭站

第七章
新界北
邊境經濟日漸減弱

曾幾何時，北區的上水是內地人來港的消費熱點，不單只帶旺了街舖，火車站前空地大堆人群聚集，就連附近的工廠大廈都有人經營水貨倉，甚至遠至落馬洲新田永平村被傳媒稱為「水貨村」，而在立法會議員的帶動下，邊境購物城也已開業了，一片好景存在於業內人士的想像之中。

可是殘酷的現實卻是：上面曾經真的多多少少出現過的興盛景象已大為失色，上水早在2017年前已有吉舖出現，水貨店在工廈絕跡，甚至連業界期望甚殷的邊境購物城也處於掙扎的邊緣，究竟發生了甚麼事出現逆轉的情況？

原本北區已規劃了大興土木，在建設新界東北三個新發展區：粉

嶺北、古洞北、坪輋／打鼓嶺，又有河套區發展，又有北環綫由東鐵古洞站到西鐵錦上路站，又有蓮塘／香園圍口岸及其連接道和龍山隧道及長山隧道，甚至正計劃進行《發展新界北部地區初步可行性研究》。問題是這些建議，部份已被否決（坪輋／打鼓嶺），部份還沒有落實（北環綫），餘下的都是遠水平不能救近火。

至於另外一個區大埔區，多幅土地正進行改劃住宅，又有發展區的土地正進行公私營合作的試點，然則區內的設施未見有大幅度的改善計劃，極可能像現時的元朗那麼，出現人車爭路和在區設施嚴重不足。現時北區與邊境經濟擦身而過，規劃又流於畫餅充飢，即使中長期或有轉機，擺在眼前的是一條下行之路。

還有吐露港畔的白石角和白石（即烏溪沙站以北），在發展住宅之餘，社區設施未有同步增長，令到社區有欠完整，影響長期增值。

7.1
北區：
成也邊境敗也邊境

回歸以前，北區上水和粉嶺的樓價與市區有一大段差距，在自由行購物潮加上皇崗關口24小時通關的情況下，深圳出現了「港貨產業」，中港之間的水貨貿易亦因此一度興起，形成了邊境經濟。當時最標誌性的現象，是上水火車站向彩園邨方向的行人道曾經擠滿水貨客在拆貨，上水附近的工廈以至鄰近村落出現水貨倉。

時移勢易，這種盛況早已不再，上水的水貨人群、水貨倉逐漸消失，甚至石湖墟一帶的藥妝店亦已盛極而衰，購物人潮局限在大商場的品牌店。原因如下：2013年推出的「限奶令」限制了奶粉出境；2015年深圳停止簽發深圳市民「一簽多行」，改為簽發赴香港「一周一行」，以打擊水貨客；其後深圳海關以各種措施打擊水貨活動。

上水邊境產業被新基建大幅分流。

2018年，廣深港高鐵和港珠澳大橋的啟用亦影響上水邊境經濟，要客觀地評估當中的影響，當然要用統計數字，以下是入境處2018年全年出入境旅客人次資料，及2019年節目後的旅客人次資料，經整理後各出入境口岸的佔有率如下：

出入境口岸的佔有率

筆者分析佔有率而不用絕對數值，原因是為了撇除季節性因素和自然增長。從數據上看，兩大基建對於機場和港口的衝擊十分明顯。

在2018年，機場還有17%的佔有率，但2019年多個長假期只有4月30日達到此水平，港口更由2018年的8.2%下跌至只有約5%。至於陸路方面，可分作鐵路和車輛兩個板塊，兩者的比重均有所增加，車輛佔比由25.5%上升到接近30%，鐵路由46.2%上升到大約50%。然而細看每個口岸的佔有率，北區的羅湖、文錦渡、沙頭角均有所回落，在顯示北區的人流被新基建分薄了（落馬洲屬於元朗區）。

出入境口岸的佔有率

	2016年全年	2017年全年	2018年全年	2019年 2月9日	2月10日	4月5日	4月6日	4月18日	4月19日	4月30日	5月1日	5月2日	5月4日	5月11日	5月12日
機場	16.4%	17.0%	17.0%	14.9%	16.4%	10.9%	11.7%	17.6%	14.7%	17.1%	15.3%	12.1%	15.3%	11.9%	12.7%
鐵路	50.1%	48.4%	46.2%	45.7%	45.2%	53.1%	53.8%	46.4%	49.8%	49.0%	51.5%	53.6%	50.6%	53.5%	51.1%
高鐵西九龍	0.0%	0.0%	0.0%	8.7%	8.5%	7.2%	7.5%	6.9%	6.7%	5.9%	7.9%	7.1%	7.3%	7.2%	6.1%
紅磡	1.3%	1.3%	1.2%	1.1%	1.2%	1.0%	0.8%	0.9%	1.0%	1.0%	0.8%	0.8%	0.9%	0.7%	0.6%
羅湖	27.4%	27.3%	27.0%	22.7%	23.1%	27.3%	26.7%	24.4%	26.0%	25.9%	25.5%	26.0%	25.4%	27.0%	26.2%
落馬洲支線	21.4%	19.9%	17.9%	13.1%	12.5%	17.7%	18.8%	14.2%	16.1%	16.1%	17.3%	19.7%	17.0%	18.5%	18.2%
車輛	24.5%	25.6%	25.5%	32.4%	31.6%	29.9%	29.2%	29.7%	28.9%	28.6%	28.7%	29.6%	28.7%	30.2%	31.0%
港珠澳大橋	0.0%	0.0%	0.0%	11.5%	10.2%	7.5%	7.2%	8.3%	9.8%	5.9%	7.2%	6.8%	6.1%	7.4%	8.8%
落馬洲	9.2%	9.6%	9.1%	6.7%	6.9%	7.1%	6.8%	8.1%	7.1%	8.3%	7.4%	6.8%	7.5%	7.2%	7.6%
文錦渡	1.3%	1.4%	1.4%	0.8%	0.7%	1.0%	1.0%	0.9%	0.7%	1.2%	1.0%	1.5%	1.2%	1.2%	0.9%
沙頭角	1.0%	1.0%	1.0%	0.7%	0.6%	1.0%	0.8%	0.7%	0.7%	0.9%	0.7%	0.9%	0.8%	0.8%	0.8%
深圳灣	13.0%	13.6%	14.1%	12.6%	13.0%	13.4%	13.4%	11.7%	10.7%	12.3%	12.4%	13.6%	13.0%	13.7%	13.0%
港口	9.0%	9.0%	8.2%	7.0%	6.8%	6.1%	5.3%	6.2%	6.6%	5.4%	4.4%	4.7%	5.4%	4.4%	5.1%
中國客運碼頭	2.5%	2.4%	2.2%	2.0%	2.0%	1.5%	1.5%	1.4%	1.6%	1.4%	1.3%	1.4%	1.3%	1.1%	1.2%
港口管制	0.0%	0.0%	0.0%	0.0%	0.0%	0.0%	0.0%	0.0%	0.0%	0.0%	0.0%	0.0%	0.0%	0.0%	0.0%
啟德郵輪碼頭	0.6%	0.6%	0.6%	0.2%	0.7%	1.1%	0.2%	0.9%	0.8%	0.2%	0.2%	0.2%	0.2%	0.2%	0.2%
港澳客運碼頭	5.7%	5.8%	5.2%	4.5%	3.8%	3.3%	3.4%	3.7%	4.0%	3.6%	2.8%	2.9%	3.7%	3.0%	3.6%
屯門客運碼頭	0.2%	0.2%	0.2%	0.3%	0.2%	0.2%	0.2%	0.2%	0.2%	0.1%	0.1%	0.1%	0.1%	0.1%	0.2%
總計	100.0%	100.0%	100.0%	100.0%	100.0%	100.0%	100.0%	100.0%	100.0%	100.0%	100.0%	100.0%	100.0%	100.0%	100.0%

資料來源：入境處

第七章
新界北

另外一個要考慮的因素是蓮塘口岸和香園圍公路於2019年5月通車，令到往返深圳東部的貨運在粉嶺沙頭角公路之外，多了一個便捷選擇。更重要的是深圳將重組各個口岸，跨境貨運將實施「西進西出、東進東出」；西部跨境貨運車輛一律由深圳灣口岸出入境；東部則一律由蓮塘香園圍口岸出入境；而皇崗口岸、文錦渡口岸和沙頭角口岸會取消貨運出入境，只用作旅客出入境，羅湖和福田口岸維持只作旅客出入境。

深港科技創新工作區

資料來源：福田區發展和改革局

智取筍盤 2 —— 升值地段大發現

深港科技區落實無期

皇崗口岸預計2021年取消貨車出入境功能，並重建成公路鐵路複合型口岸，整體拆除後可以釋放54公頃用地，增加產業用房216萬平方米。根據《福田區現代產業體系中長期發展規劃（2017-2035）》，建議將香港的河套地區與深圳福田保稅區統籌發展為「河套－福保片區」，定位為深港科技創新特別合作區，以創新和科技為主綫，集聚國際創新資源，打造「一帶一路」國際化創新合作平台、粵港澳大灣區科技發展新引擎、深港跨境深度合作新支點、政策制度改革創新試驗區。

到計劃完成後，落馬洲站和河套對面的將會出現大量產業和人流，可以因利成便溢出到香港，補充正在流失的商業價值。然而這只是一個規劃方案，具體幾時落實尚在未知之數。所謂「遠水不能救近火」，在中期而言，上水粉嶺一帶的樓價相信要休養生息了。

新發展區：
遠水難救近火

相對於新界西的發展進度，新界北顯得裹足不前，由1998年規劃的新界東北新發展區、北環綫、河套區，到近年才起步的新界北新發展區，計劃多多卻只有極少的進展，令到新界北的前景還要再推遠一點。

原本新界東北新發展區有三個板塊，包括：古洞北、粉嶺北、坪輋／打鼓嶺，後來在公眾壓力下取消了坪輋／打鼓嶺，而古洞北和粉嶺北說穿了就是上水和粉嶺新市鎮的延伸，換言之，可以說政府只是在現有建成區邊緣收地。

但在政府原本的構想中，新界北的發展實在恢宏，先是在2012-

新界北的土地較零散，難以發展。

2015年分三階段把邊境禁區大幅度削減，然後在《鐵路發展策略2014》提出北環綫的長遠延綫構思，包括由落馬洲直達西鐵錦上路站，以及由古洞作起點，沿著古洞北、粉嶺北去到坪輋／打鼓嶺。

到2016年發表的《香港2030+：跨越2030年的規劃遠景與策略》中，提出新界北發展初步概念，被剝離出新界東北新發展區的坪輋／打鼓嶺變身為新界北新市鎮，羅湖和文錦渡兩個關口合成文錦渡物流走廊，落馬洲關口則成為新田／落馬洲發樞紐。幾個規劃如下：

新界北新發展區規劃圖

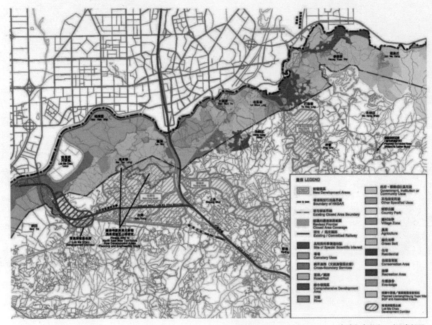

資料來源：規劃署

新田／落馬洲發展樞紐：設有落馬洲和落馬洲支綫兩個邊境管制站，發展成為一個在經濟上與珠三角地區有緊密連繫、能提供職位的社區，容納5.5萬居民，提供8萬個職位。

文錦渡物流走廊：設有羅湖及文錦渡兩個邊境管制站，跨界貨運量高，將發展成為物流中心，提供4,000個就業機會，並連接蓮塘／香園圍口岸及新界北新市鎮。

新界北新市鎮：包括香園圍、坪輋、打鼓嶺、恐龍坑及皇后山五個地區，面積約510公頃，提供13萬個職位級及容納20-30萬人口。

另外，粉嶺高爾夫球場位於粉錦公路以東部分將會收回發展，心水清的讀者會留意到，情況類似古洞北和粉嶺北的邊緣擴展。

回到現實，即使新界東北的發展如此低姿態，還是阻力重重：開放邊境後不見有何重大發展，紅花嶺要改劃作新的郊野公園；新界東

北環綫的初步概念方案（包括古洞站）

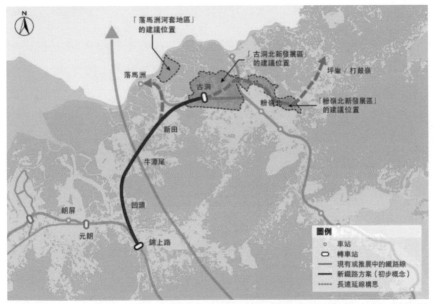

資料來源：運輸及房屋局

新界北發展初步概念

資料來源：《香港2030+：跨越2030年的規劃遠景與策略》

北新發展區首兩幅私人土地補地價到2018年才成事，到現在仍有
各方民間團體阻撓；古洞北部分廠戶和棕地使用者仍然在與政府討
價還價甚至揚言司法覆核；北環綫完全沒有進度。

發展的局限性

其實，不論在土地上、規劃上，新界北的發展都存在一定的局限性。

首先是新界北的地勢遠不及新界西平坦，可供發展土地零散，即如
粉嶺也分為粉嶺站以南的和合石以北的聯和墟，過了梧桐河又變成
了粉嶺北。然後上水以石湖墟為中心，難以輻射到古洞、文錦渡，

以至粉嶺高爾夫球場以東的土地。因此，私人發展商難以推展大面積地盤和大規模發展。

其次是新界北的基建相對滯後，雖然最新有蓮塘口岸和香園圍公路，但沒有新的鐵路，沒有新的繞道。該區的現有基建亦是上世紀規劃，比如沙頭角公路是由數十年前的沙頭角鐵路支綫路基之上建成，一早就已經不敷應用。相較之下，馬鞍山有馬鐵和馬鞍山繞道，將軍澳有鐵路支綫、跨灣大橋和藍田隧道。

不得不提的是深圳的發展方向也是不利新界北的，因為新界北對岸的羅湖已淪為老區，新界西的對岸是福田和前海，發展前景就遠遠優勝。至於大灣區規劃也是利好新界西多於新界北的。

投資錦囊：

新界北的發展好事多磨，與十多年來興起的民粹主義思潮密不可分，就是民間團體將個別人的願望強力到全體市民，而政府又沒有足夠的力量迎難而上，形成新界北「公仔劃得多」卻幾近一事無成的局面，物業投資長遠宜避開政府風險較高的區域。

新產業：
發展隱憂重重

雖然現時新界北的發展步伐比較慢，但也可以看看長遠的發展規劃，根據《香港2030+》概念性空間框架，未來的發展將集中在一個都會商業核心圈、兩個策略增長區，以及三條主要發展軸。涉及新界北的發展有：新界北策略增長區、東部知識及科技走廊、北部經濟帶，並且發展規模建議興建南北運輸走廊連接新界東北至九龍。可見新界北像大嶼山一樣，是未來的發展重點。

新界北策略增長區：主要位於香園圍／坪輋／打鼓嶺／恐龍坑／皇后山的新一代新市鎮，以及兩個位於新田／落馬洲和文錦渡的具潛力發展區，面積720 公頃，可容納25-35萬人口，提供超過20萬個就業職位。

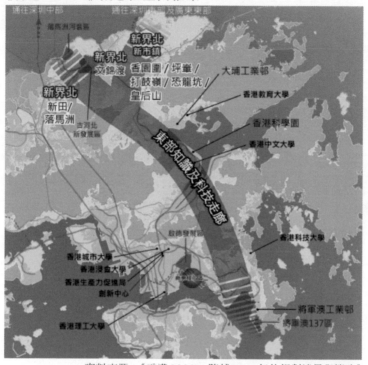

《香港2030+》概念性空間框架

資料來源：《香港2030+: 跨越2030年的規劃遠景與策略》

東部知識及科技走廊：涵蓋6間大學（中文大學、城市大學、教育大學、浸會大學、理工大學及科技大學）、工業和服務支援中心（例如創新中心及香港生產力促進局），以及位於九龍塘、將軍澳、沙田、大埔、古洞北及落馬洲河套區的高科技和知識型產業（例如數據中心、科研機構、科學園及工業邨等）。政府將會研究利用未來蓮塘、香園圍口岸附近的一幅用地，發展科學園、工業邨，把握現有高科技及知識型產業和專上教育機構的優勢。

北部經濟帶：從西面的落馬洲，一直延伸至在東面正在興建中的蓮塘、香園圍口岸，涵蓋7個過境通道以及新界北發展，並鄰近科研及科技發展卓越的深圳。適合作倉儲、科研、現代物流和其他輔助用途，以及新興產業，為現有及未來的社區創造就業機會。

實業難以推動樓價

另外根據香港科技園網站，現時多個未來發展項目均是位於新界北或者東部知識及科技走廊，包括：科學園擴建項目、科學園創新斗室、大埔工業邨精密製造中心、將軍澳工業邨先進制造業中心、將軍澳工業邨數據技術中心、落馬洲河套港深創新及科技園。

北部經濟帶發展藍圖

資料來源：《香港2030+：跨越2030年的規劃遠景與策略》

這些項目可容納新的人口、提供新的職位，甚至可以為香港未來的產業發展提供資源。在推銷白石一帶的樓盤，坊間不少人明示暗示鄰近科學園作為賣點。

但是，現時大埔、將軍澳、元朗三個工業邨附近的樓價有沒有突異之處呢？要推動樓價所需要的不單只是人口，更重要的是提供商業價值，吸引鄰近的消費人口，更好就是能吸引到跨境人口，2030+的項目畢竟偏向實業發展，商業元素及價值套用到地產市場，未曾足以推動樓價。

投資錦囊：

不少人未能分清實業和商業對樓市的不同影響，有句俗語「出處不如聚處」，工業生產甚至科研只是「出處」，真正釋放商業價值的是「聚處」，所以商住混合區就符合到「聚處」的條件，就是商品及資金交易在該處發生。鄰近實業或科研設施，實在未足以成為長期看好該區樓價的理由。

大埔：
收租之選

物業質素可從多個角度分析，分析經濟地租及商業價值是其中一個角度，亦有不少人以居住環境、交通或生活設施為考慮因素。但坊間某種評論卻將不同的角度混為一談，例如某些樓盤的景觀和環境不符理想，就一概認為沒有投資價值。

從居住環境的角度評價，大埔可算是比較理想的選擇：建築物不算高、密度不高、有海景有河景、青山綠水觸目可見。若以交通及生活設施考慮，既有港鐵站，又有連接各區的巴士路綫，更可以選擇亡命小巴出九龍；購物有大型商場、街邊小舖，各種社區設施更是應用盡有。

若從經濟地租及商業價值考慮，大埔卻乏善足陳，區內以住宅用途為主，商場專注民生日用水平，非以服務遊客為目標。大埔工業邨

和太平工業邨雖提供就業機會，但商業元素不足，即使把科學園考慮在內，其科技人才也未必住在大埔。

欠缺「炒賣點子」

大埔樓市的因素是不俗的，居住環境、交通、社區設施等均屬上乘，但看不到的商業價值偏低、外來人流欠奉、社區缺乏焦點重心等問題，卻是令到投資前景蒙上陰影，套用股市的術語就是「基本因素甚佳，卻缺乏炒賣點子」。

那究竟大埔是不是值得投資的區域？正如前文所述，大埔住宅就是「好住唔好炒」，對於一心想著安居樂業的人來說，大埔當然就是一個好地方，但是對於期望長遠升值來說，大埔就不是一個好選擇。

這樣就解答了一些人心中的疑惑：「某區好住，為何總是升唔起？」正如股票有收息股和增長股，只有居住價值、欠缺增長因素的物業

大埔擁有不俗的居住環境，只是欠缺炒作的主題。

大埔屋苑分佈圖

亦未必沒有投資價值，正因為大埔住宅缺乏炒賣概念，所以樓價和租值相對上較為平穩，亦可以視為買樓收租的目標。

投資錦囊：

大埔區內的住宅可以交通和環境作出分野，揀樓幾乎等如揀社區條件。交通購物最方便的不是港鐵站，而是大埔中心總站一帶，擁有區內最大商場群組，包括大埔中心、昌運中心、大埔廣場、翠屏花園、寶湖花園，以中小單位為主。太和站一帶則擁有區內最多的社區設施群，代表性屋苑有太湖花園、帝欣苑。半山屋苑集中在大埔滘半山上，還有低配版獨立屋的套丁屋苑華樂豪庭和太湖山莊。

智取筍盤 2 —— 升值地段大發現

白石與白石角：
不完整社區的困局

經過數十年社會發展，經驗告訴大家，即使在新市鎮創造就業機會，亦難以完全滿足居民所需，仍然是大多數人在市中心維港兩岸就業。結果就要改弦易轍，在新發展區和市中心之間興建大量的交通基建，應付每天上班上學的通勤需求，形成近年的新發展區都變成純住宅區。

純住宅區猶如「睡覺城市」

近年位於科學園旁的白石角推出多個項目，部分早已入伙，形成全新住宅區。白石角位於科學園旁，有四幅用地原本供科技園公司擴建發展科學園第四期，事實上科學園工作的人未必住在白石角，住

在白石角的人亦未必在科學園工作，可見「鄰近科學園，提供高薪職位」屬於概念性多於操作性。

少一個字的白石則是住宅區，位於馬鐵綫烏溪沙總站以北，鄰近的帝琴灣屬於大埔區範圍，再向東走的十四鄉，已獲批建9,500個單位的大型屋苑，發展商需要擴闊一段西沙公路以容納新的人流。

接近烏溪沙站，站內雖有一定食肆和商舖，但居民的生活所需依靠馬鞍山站商場群組。可以想像，未來十四鄉項目9,500伙近三萬居民，可能也是由馬鞍山站供應所需，結果可以預期附近的商業價值將會上升。

可是這些未能自給自足的社區，就像民間團體所述的「睡覺城市」，形成只有居住價值，欠缺升值的因素。過去的例子有荃灣深井，指標性屋苑浪翠園樓價長時期跑輸大市，去年中才能升回1997年的高位，就遇上了由升轉跌的市勢；反而一向被人視為「悲情城市」的天水圍，其指標性屋苑嘉湖山莊早在2014年就升破1997年高位，與浪翠園的呎價差距已大幅收窄。原因除了天水圍的交通大為改善外，跨境消費人群也令到商業價值大幅提升。

團結香港基金建議發展十四鄉的兩幅地皮，初步估計可提供約3萬個住宅單位，預計人口達到10萬人，如果發展為公營房屋，自然

浪翠園、嘉湖山莊及全港樓市的比較

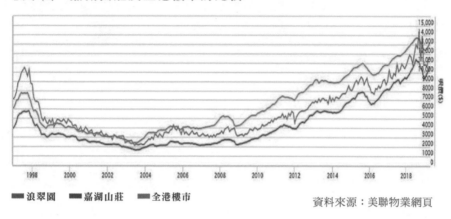

■ 浪翠園　■ 嘉湖山莊　■ 全港樓市

資料來源：美聯物業網頁

會採用類似現時沙田水泉澳邨那樣提供基本的社區購物設施，而區內人口目標由3萬上升到12萬，或者可以形成新的增長區域，只不過計劃只是民間的建議，究竟有沒有機會實現，現時仍然是未知之數。

投資錦囊：

筆者認為白石是純住宅區、生活依賴鄰區、沒有足夠就業機會、沒有進一步的發展計劃，將會是另一個深井，即是跑輸大市。

細心一想這類型的社區比比皆是，在考慮物業投資時，最好避開。

第八章

北大嶼

深具發展潛力

【離島區】

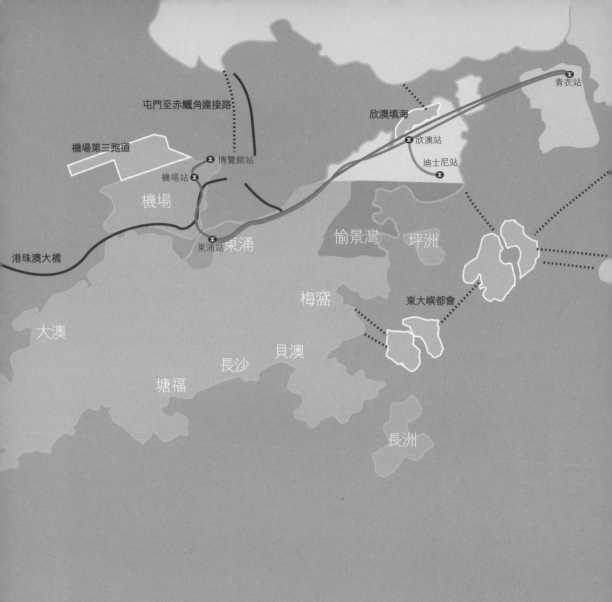

青衣站

屯門至赤鱲角連接路

欣澳填海

欣澳站

機場第三跑道

博覽館站

迪士尼站

機場站

機場

愉景灣

坪洲

港珠澳大橋

東涌站東涌

梅窩

東大嶼都會

大澳

貝澳

長沙

塘福

長洲

第八章
北大嶼
深具發展潛力

大嶼山面積比整個香港島還要大，土地當然不會少，但是它的經濟發展潛力怎樣？筆者認為，北大嶼將會成為大灣區的交通樞紐，深具發展潛力。

主流的意見是在北邊由東涌到陰澳作不同程度的填海，東邊除了東大嶼人工島外還有政府梅窩發展計劃，而南邊和西邊較少人提及，皆因經多年反覆的研究，「北發展南保育」已成為發展的總綱領。

由於機場第三跑道、港珠澳大橋、屯門至赤鱲角連接路（屯赤路）這三個基建，東涌的位置必將由偏於香港一角，一躍成為大灣區的交通樞紐：雖然港珠澳大橋是「單 Y」（指橋的外形），沒

有直接連到深圳（如直接連到深圳則呈現「雙Y」形），但是由東涌向北經屯赤路到屯門，再經規劃了的屯門西繞道的隧道段接駁至港深西部公路，就可以到達深圳，令到大嶼山在大灣區的戰略性地位進一步提升。

至於南邊則以保育為主，由貝澳到塘福沿途都有沙灘，適宜發展旅遊業。但以目前的狀況看，特別是長沙海灘面對的海沙流失情況，暫時仍未有解決的方法，而嶼南路即使擴建，也難以容納高密度人口，預期是未來20-30年大致會維持現狀。

簡而言之，大嶼山北岸的發展潛力最大，位置最優越；東邊的人工島相信只會是無休止的爭論，而南岸和西邊相信會維持現狀。

大嶼山：
地理局限

大嶼山的面積比香港島大一倍，總面積達147.16平方公里，相當於14,716公頃，扣除三個郊野公園已佔有的10,200公頃後，餘下還有4,516公頃，相比於東大嶼填海的1,000公頃似乎還大很多。全面發展大嶼山不就可以解決香港的土地問題嗎？但地理上的可供發展的平地有局限，令大嶼山只能靠著現有的基建作出擴展。

可供發展平地有限

一般香港人對於大嶼山的認識比較片面，只去過大嶼山幾個較大的地方，就以為整個島都可供開發。試看清楚大嶼山的原初

地形，附圖是1957年大嶼山的政府地圖，當時石壁水塘還未興建，只有一條由梅窩經貝澳到長沙的公路，圖中藍色部份是農田，可以看到大嶼山較大的農地只得梅窩、貝澳、東涌、塘福、石壁和大澳，後來石壁被收回興建水塘，全島可供發展的天然平地所佔的比例極小，加上要收回農地發展亦非易事，就以梅窩為例，靠近碼頭一帶已發展成包括居屋在內的住宅區，但再往內陸已是農村，要進一步發展阻力重重。

大嶼山地形，局限了基建發展。

1957年大嶼山地圖

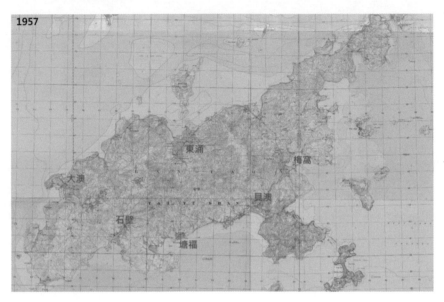

開山填海的考慮

那麼像香港島那樣開發半山又如何呢？其實早就有這方面的嘗
試，就是現時的愉景灣，原本是大白灣、二白灣和三白灣的海灣
和山嶺，發展商甚至築堤壩壩興建水塘，所涉及的基建成本極為龐
大。然而大嶼山的山坡遠沒有港島山坡般安全和穩定，乘搭昂平
360纜車時，你可看到山坡上的泥石流和山泥傾瀉情況很普遍，
如要發展山坡就需要大規模的土木工程和維護成本。

填海就要考慮海床的狀況，從地圖顯示靠近大嶼山的水深較淺，令人覺得填海成本會較低，但大嶼山北岸沉積的海床是淤泥，填海時需要特別處理，無論在赤鱲角機場填海、港珠澳大橋人工島和機場第三跑道的工程都出現同樣的問題。

大嶼山的地形亦讓發展交通基建涉及大量成本，現時除了青嶼幹綫及東涌新市鎮的馬路外，其他地方的公路多數都是兩綫或三綫雙程行車，新建的南北道東涌路雖然相比舊路有所改善，但難以應付龐大的人口需要，除非在南北兩岸之間興建隧道。

先天上的局限令大嶼山只能靠著現有的基建作出擴展，利用新機場計劃開通了的高速公路和鐵路，以及愉景灣隧道擴展愉景灣，不然就需要投入極龐大的基建成本。

8.2

新市鎮：
從東涌到北大嶼

自從香港政府於世紀八十年代銳意發展赤赤鱲角機場，以及北大嶼山新市鎮——東涌，才扭轉了梅窩為大嶼山最大居住點的局面。其實，東涌的前世今生很有趣，原來已正式名為「北大嶼山新市鎮」，但一般人會稱之為東涌，那麼兩者有何分別？

根據1993年出版的《新市鎮發展二十年》記載，比較現時東涌的發展，會發現與當年的描述有很大分別：東涌山谷並沒有發展成住宅區，大蠔亦沒有鐵路站，亦沒有工業區，現在只有小蠔灣車廠、巴士車廠、廢物轉運站、污水處理廠、廚餘回收中心、濾水廠和車輛扣留中心等，甚至現在進行中的「東涌擴展計劃」，亦沒有當年所述的發展規模。

原來北大嶼山新市鎮是分作四期發展，第1期和第2期已完成，但第3期在2003年4月完成了3A期，3B期時，就和第4期發展

第八章
大嶼山

現在進行中的「東涌擴展計劃」

就擱置了，看一看年份就知道是2002年「孫九招」叫停發展的後遺症。到了2012年1月規劃署和土木工程拓展署聯合進行「東涌餘下發展計劃的規劃及工程研究——可行性研究」，並在2014年10月完成，決定將東涌新市鎮向東西兩面擴展，計劃提供約49,400個住宅單位容納約144,400人口、500,000平方米辦公室樓面、327,000平方米零售樓面，以及50,000平方米酒店樓面。東涌東填海工程已於2017年12月展開，目標是 2023 年首批居民入住新擴展區。

發展東涌東部　經濟價值提升

表面上是把未完成的期數落實，其實擴展計劃縮小了，其一是原本計劃是在現有的東涌站往東往西分別設有東涌東站和東涌西站，並且在西邊的東涌灣進行填海，可是計劃最終取消了東涌西站和東涌灣填海。而東涌河谷原有的房屋發展亦變為康樂用途的河畔公園。

東涌東的發展最值得留意的有兩點，其一東涌東站的設置，原本接近東涌邊陲的映灣園，反而連通兩個車站；其二則是東涌東與小蠔灣車廠發展計畫非常接近，該計畫提供逾1,000萬方呎樓面，住宅單位數目1.4萬伙。當這些項目都落實後，整個東涌的經濟地租和商業價值均會提升。

擬建的東涌東站及東涌西站

資料來源：東涌新市鎮擴展網頁

當然東涌和小蠔灣只是大嶼山北岸多個發展項目的一部份，根據土地供應專責小組的報告，還有欣澳和小蠔灣兩個填海的建議，其中欣澳填海可發展土地約60-100公頃，可規劃及發展為休閒、運動、康樂、娛樂和旅遊匯點；小蠔灣填海可發展土地約60-80公頃，可作住宅和教育設施之用，如果計劃得到落實，北大嶼山新市鎮就真的形成了。

未來東涌東站開通後，靠近港鐵站的優勢將會削弱。

資料來源：東涌新市鎮擴展網頁

筍盤錦囊：

以東涌站為中心的樓價分布，除了因接近港鐵站外，更貼近東薈城及酒店，最接近港鐵站的東堤灣畔成為區內商業價值最高的屋苑。其次是文東路以北的海堤灣畔和藍天海岸，至於怡東路以東的映灣園、東環和昇薈則是位處邊陲，樓價自然低一截。

未來東涌東站開通後，靠近港鐵站的優勢將會削弱，現時的低水屋的映灣園、東環和昇薈將有機會後來居上，反而藍天海岸將會變得兩頭唔到岸。不過由於東涌東站並沒有東涌站的商業元素，所以亦不會出現相近的經濟地租，而成為東涌的副中心。

機場經濟：
如何讓大嶼山受惠

赤鱲角機場和港珠澳大橋，令大嶼山成為香港對外交通的樞紐，2018年的施政報告中，提出大嶼山成為通往世界和連接其他大灣區城市的「雙門戶」，即對外以機場聯繫國內外的城市，提出「機場城市」的概念；對大灣區的其他城市則圍繞口岸人工島透過交通機建發展「橋頭經濟」。

機場城市令大嶼山一飛沖天。

223

機場對香港經濟的重要性不需多講,正在興建和進行中的計劃有:機場第三跑道系統、位於南貨運區的高增值物流中心、航天城發展項目、亞洲博覽館及其第二期發展,以及由政府邀請香港機場管理局就港珠澳大橋香港口岸人工島上蓋發展項目提交發展方案,這些建議為何要以「機場城市」概念作為總綱呢?

運輸及房屋局局長陳帆在2019中國民航發展論壇曾經提及機場城市的具體內涵:「現在機場的功能已遠遠不止乘客乘坐飛機這個單一功能了。在未來,機場本身也會成為一個旅行目的地。在這個目的地可以進行一些娛樂活動,可以購物,也可以放鬆休閒。所有相關基礎設施集合在一起,可以將這個地方打造成一個新的目的地,讓我們香港國際機場本身成為一個旅遊目的地,鼓勵許多旅客在這裡花上一到兩天的時間進行遊覽。」

機場經濟的三個階段

機場城市(Aerotropolis)的並不是一個全新的概念,以運輸功能驅動的經濟型態是機場經濟的「1.0階段」,機場周邊地區衍生的臨空型製造業以及倉儲物流業等相關生產性服務業是機場經濟的「2.0階段」。套用在香港,啟德機場時代仍然是機場經濟1.0階段,機場純粹是一項交通設施;到機場搬遷到赤鱲角現址後,機場周邊並沒有發展出臨空型的製造業,只有航空食品、空運

物流、飛機租賃、私人飛機管理的商務航空服務，而直接跳去
「3.0階段」。

機場城市「3.0階段」，則在1990年代初期由荷蘭史基浦集團
（Schiphol）率先提出，指國際機場的職能逐漸演進為綜合性的航
空港，結合客運、物流、休閒、商務、居住及辦公等方面的設施
和服務，吸引旅客和非旅客進入，以增加機場及附近地區的經濟
活動，並形成集約型、具特色的特殊區域或產業型態的綜合經濟
區，被視為機場經濟的「3.0階段」。例如荷蘭史基浦機場除了發
展工商業項目之外，在機場東南邊設立鮮花拍賣市場，成為全球
最大的鮮花交易中心。

為何香港由1.0直接跳到3.0呢？原因是香港的成本結構並不適
合發展製造業，現有的各種資源卻可透過整合和強化香港最擅長
的服務業，這樣反而有機會突圍而出。

另外港珠澳大橋和機場在位置上極為接近，亦可產生出協同效
應，主要的原因是珠江兩岸之間經濟發展極不平衡，東岸的香
港、深圳、東莞、惠州等地發展遠比西岸的澳門、珠海、中山、
江門等地發展快，在一個相對短的距離出現成本上的顯著差距，
港珠澳大橋正好成為產業由東岸移到西岸的通道之一，特別是要
解決香港空間土地不足的問題，將人口和產業外移到珠江西岸將
會成為大勢所趨。

大嶼山的策略性位置

但是大嶼山在香港境內也具有策略性的位置，現時向東經過青嶼幹綫及三號幹綫到達九龍西及新界南的葵涌、青衣、荃灣，向北將會有屯門至赤鱲角連接路及西部通道到達屯門、元朗及深圳，但是到港島並沒有直接的幹綫。

因此政府就提出在「明日大嶼願景」的發展以運輸基建先行的主軸，研究興建一條新的主要運輸走廊，以道路和鐵路連接屯門沿

大嶼山的概念發展及策略性運輸計劃

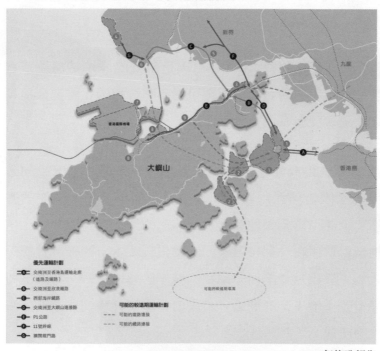

2018年施政報告

資料來源：https://www.policyaddress.gov.hk/2018/sim/pdf/Leaflet_Lantau.pdf

海地帶、北大嶼山、中部水域人工島和港島北的傳統商業中心，並會推展一條與北大嶼山公路並行的高速公路和擴建龍門路。

這個構思的最大關鍵在於在港島以西大嶼山以東的海中心填海，形成中部水域人工島，然後以興建直達港島西、九龍西、大嶼山東岸，進而跨到大嶼山北岸來連接港珠澳大橋和屯門赤鱲角連接路。完成後由港島到新界西、深圳，以至珠江西岸，再不用經過九龍西和新界南而可以直達。無論香港以至大灣區的地緣結構將因此出現巨變。

筍盤錦囊：

既然大嶼山將會成為香港對內地和國際的門戶，受惠的除了是通道一端的東涌外，通道的另一端也將會成為受惠者，港島西和青衣都有很大機會成為下一波基建的受惠者，前者需要等待連接東大嶼人工島的道路，後者更是即時的受惠者。

較少人留意青衣站是兩綫匯聚，隨了東涌綫外還有機場快綫，一方面可以直達機場（東涌綫不能到達機場），另一方面也能快速地到達九龍站，間接受惠於高鐵經濟，甚至用陸路交通工具到達港珠大橋和經汀九橋往大欖隧道到新界西。現時樓價仍然與市區有一段差距，但其戰略上的位置可令樓價更上層樓。

東大嶼都會：
潛力和影響

香港透過加入大灣區規劃成為其中的一份子，所以分析香港的城市結構就要考慮大灣區的格局。大灣區本身是一個區域分工的計劃，以改變區內各城市間的重複建設，並且安排各市發展最擅長和具有競爭力的產業，然而當中有一個軟肋，就是東西岸之間的聯繫長期不足，但正如前一節所講，港珠澳大橋將大大改善此問題。

東大嶼的發展潛力

可是進一步的問題反而是維港兩岸與港珠澳大橋的交通基建尚有改善之處，特別是根據現時的交通狀況，陸路由港島到大灣區必定要經過九龍，因為高鐵站在西九龍，而公路透過三號幹綫也要

經過九龍西和新界南。另一個命題是維港兩岸的土地在發展啟德之後幾已用罄，已經沒有進一步擴展的空間，如無法解決就會出現產業外流，而東大嶼都會就可以就這方面作出回應。

雖然現時還沒有東大嶼的詳細規劃，但在2016年的《2030+跨越2030年的規劃遠景與策略》當中的發展框架：「東大嶼都會的基本構思，是透過在交椅洲附近水域及喜靈洲避風塘一帶填海興建人工島，並善用在梅窩未被充分利用的土地，締造一個擁有香港第三個核心商業區的智慧、宜居及低碳發展群。……可提供約1000公頃具發展潛力的土地，可容納介乎40至70萬的居住人口及提供最少約20萬個就業機會。」

大嶼山的策略性交通運輸基建概念圖

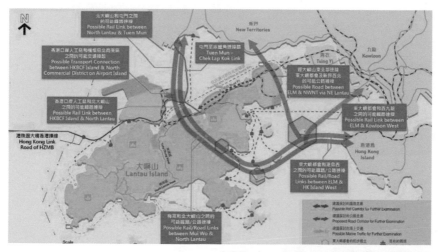

《香港2030+：跨越2030年的規劃遠景與策略》

資料來源：https://www.hk2030plus.hk/TC/document/Conceptual%20Spatial%20Framework_Chi.pdf

客觀地看東大嶼，就是連接維港兩岸市區與大嶼山之間的跳板，然後進一步經港珠澳大橋和機場分別到達大灣區和全國及世界各地，同時由於繞過了九龍西和新界南的樽頸地帶，更為九龍東以至新界東提供進一步的擴展空間。

筆者稱之為SimCity3.0「補環節」，因為這個新發展區與其說是單獨存在，倒不如說是為了補其他區的短板而設計，一方面可以為維港兩岸市區的產業和人口提供發展空間，另一方面也能夠提升香港和鄰近地區之間的產業發展和聯繫。

基於這種背景，在考慮東大嶼都會的規劃時自給自足未必是最為重要的因素，反而其對外交通，以至於把鄰近地區欠缺的土地用途作出補足，例如中環金融區商業樓面供應緊張，是否應考慮把部份職能轉移到東大嶼呢？港九市區公營房屋長期供應不足，在東大嶼以公私營房屋七三比發展，是否有效疏導維港兩岸過於擠擁的人口，並且有利於市區重建呢？這些都是值得思考的角度，並且可推敲其對其他區域功能和樓價的影響。

未來發展

土木工程拓展署的《連接堅尼地城與東大嶼都會的運輸基建技術性研究》提及具體的工程設計方案，以鐵路和公路，連接未來東大嶼交椅洲人工島和香港西部：

鐵路

方案一：延伸現有港島綫至東大嶼

方案二：增建區域綫連接北大嶼山到堅尼地城

公路

方案一：離岸路綫方案直接往堅尼地城外的西面建道路

方案二：內陸路綫方案穿堅尼地城及摩星嶺

連接堅尼地城與東大嶼都會的運輸基建技術性研究

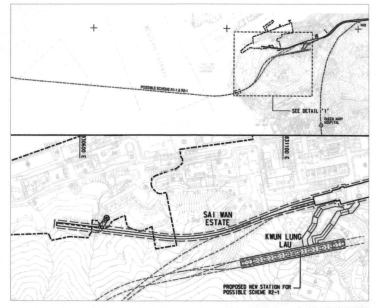

土木工程拓展署

資料來源：https://www.cedd.gov.hk/tc/our-projects/project-reports/index-id-4.html

第八章 大嶼山

無論是那個方案，均是以堅尼地城以北的海面或者以南的山體施工，成為港島連接東大嶼和大灣區的捷徑。筆者要特別指出其中的鐵路方案二，建議在觀龍樓地底設站，以行人隧道接駁堅尼地城站。另外參考南港島綫（西段）的走綫，是以香港大學站為轉車站，可以想見就像旺角站和太子站那樣，成為雙轉車站，而香港大學站設有兩層月台，就可以到對面月台轉車。

筍盤錦囊：

如東大嶼都會最終落實，最受惠的區域應該是港島西的石塘咀、西環、堅尼地城一帶，因為可以由港島的盡頭變成往機場和大灣區的橋頭堡，由中環出發無需繞道九龍去到大灣區。經過多年的發展，在西港島綫通車後的重建潮中堅尼地城已漸漸形新興中產社區，未來將會再有一次升級轉型，並且再進一步推動區內的舊樓建。

其一可以考慮的是區內的大屋苑，包括寶翠園、學士臺、翰林軒、泓都等，由於是在通車前已經落成，不似一些半新盤以高溢價開售形成大量蟹貨；其次是一些樓齡舊的單幢樓，有重建的機會；反而半新盤在開售時反映通車效應之餘還要高溢價開售，就未必是好的選擇。

8.5

愉景灣：
置業要留意規劃

大嶼山除了城市發展外，其更大的天賦是天然環境，一來可以像政府向來鼓吹的「北發展南保育」，適度地發展旅遊休閒產業，同時也可以發展香港較少供應的渡假村式居住環境，最典型的例子是愉景灣。

原本愉景灣是一個渡假村的計劃，並不是住宅發展，後來才逐步興建為一個自給自足的社區，已完成和規劃中的共有18期，住宅單位多達631座，並擁有4個會所、2個商場、1間酒店。發展商於2016年宣布「愉景灣提升計劃」，包括愉景廣場擴建（包括冰上曲棍球場、溜冰場及商場）及愉景灣巴士總站擴建工程等周邊工程，以及發展寶峰對上的6F區以及衡峰對落的稔樹灣的10B區，合共提供1,601個單位。雖然兩者均被城規會否決，但

愉景灣屬於渡假村式居住模式。

是位於北部的 N1(N) 已於 2018 年 11 月獲批興建住宅。然而相比於其規模,愉景灣在樓市的存在感並不高,大部份香港人亦未必到過,坊間論調往往批評其交通不便以及費用昂貴,不是朝九晚五工薪族的理想居所。

但是香港也有大量人口不是朝九晚五,特別是在家工作、企業主、投資者等,均不會受到交通上的局限,他們甚至可以平日在愉景灣內解決生活所需,只在周末或假日到區外娛樂消費,這種生活模式雖然不是社會的主流,但為數不少,而且消費能力可能比一般工薪族更強呢!

除了愉景灣外，位於大嶼山附近馬灣島上的珀麗灣也是這種規劃模式，對於不用天天上班的人來說，交通不便未必是問題，只要社區設施充足，事事不假外求，就不會出現前面章節所講的「不完整社區」的問題。這種模式的規劃，更加適合大嶼山南部的環境，反正地積比率不高，與其大興土木興建高樓大廈，倒不如以低密度發展，附加大量的社區設施，成為自給自足的社區，更加能夠迎合社會的整體發展趨勢。

多年來大嶼山南部推出的多幅土地，均被規劃成獨立屋，然而先天上大嶼山南缺乏足夠的人口來形成區域重心，分散的居民點只能發展對外交通，社區與社區之間的連繫並非主流。例如沿著嶼南路的貝澳、長沙、塘福等地，二三十年前筆者讀書的時期是渡假勝地，比現時熱鬧得多，也未能發展出完整的社區，而基於「北發展南保育」的概念，亦不可能會有大規模的移山填海之舉，最終在大嶼山的鄉郊地帶置業，也只能選擇渡假村式居住模式。

未來發展

愉景灣發展商香港興業建議在稔樹灣以南大幅度填海興建旅遊設，但更值得關注的是連接東大嶼興港島西的通道，在大嶼山那裏上岸呢？主要有兩種意見，分別是在梅窩登陸，和在愉景灣以南的狗虱灣。

發展商又建議政府可於愉景灣部分用地發展公私營房屋，因為愉景灣佔地面積650公頃，但地積比率只得0.16倍，發展樓面才1,000萬方呎，大約8,000個單位，制約發展的供水問題亦因愉景灣隧道開通後水務署直接供應食水而解決，而當初發展時，已定位為混合社區，除了豪宅外亦有大眾化住宅物業，所以可以考慮公私營合作引入公營房屋。

愉景灣未來發展計劃

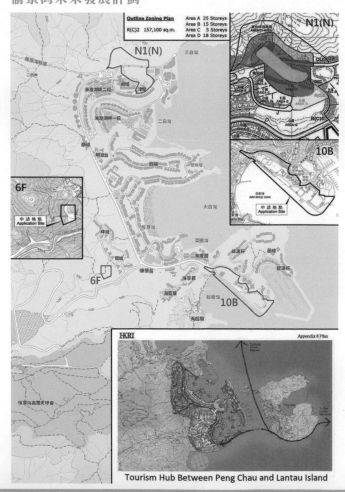

Tourism Hub Between Peng Chau and Lantau Island

位於馬灣的珀麗灣住宅計劃和馬灣公園第一期經已完成，現時正等待馬灣公園第二期，不過即使發展完成，筆者認為對於區內的樓價亦難有提升。

筍盤錦囊：

發掘渡假村式居住模式，倒不如留意房屋的格式，愉景灣具有多種格式，包括：高座單位(High Rise)、中座單位(Mid Rise)、低座洋房(Low Rise)、花園洋房(House)。既然要住在渡假村，當然就去追求大面積的洋房單位。至於期數的選擇，就是配合社區設施，南部近碼頭的期數先發展，一般來說樓齡較高，但同時方便度就高一點；北部的期數較新發展，但同時又有較新的商場。

珀麗灣也有類似的現象，雖然主力單位是兩至三房的分層單位，但亦有單房及開放式單位，集中在第17座，而第6期海珏的密度則比其他座數為低。在選擇上影響較大的是景觀，珀麗灣的內園單位距離和密度與市區單位有過之而無不及，山長水又遠到島上居住，環境又居然和市區差不多，自然有所影響。

後記

筆者早在2009年就撰寫了第一本有關香港18區樓市的著作，在過去十年都能夠解釋及預測樓市可能出現的現象，當然也有看不準的時候，至少總算是一項嘗試。今次則把全港分為8大區，並且建構出較完整的理論架構，即是以經濟地租為核心，解釋樓價起跌，然後再企圖找出影響地租的因素。究竟這種理論上的嘗試，有沒有可能應用在其他市場？筆者未有足夠的資料來作出判斷，但相信內地還是海外，也有類似的現象出現。

就以最接近香港的深圳市為例，在早期的發展時羅湖因靠近香港關口，所以得風氣之先而發展起來，後來深圳大興土木投資在地鐵，加上皇崗24小時通關，重心就轉移到福田區，未來更可能因為金融和科創業的發展進一步移向前海。廣州市也有半

個世紀以來由舊火車站漸漸轉到東站天河，未來會不會南移到南沙呢？上海也出現由「寧要浦西一張床，不要浦東一間房」變成浦東發展成金融區。

海外方面，筆者近年多次到達馬來西亞的吉隆坡和檳城，也發現類似的各區此起彼落的現象，他日研究有成再找機會與大家分享，重要的是這些微妙的變化令到不同地區的樓價此起彼落。

說到底樓市是經濟以至整個社會的縮影，最終也要服從社會科學的規律，有志研究者若只是停留在冰冷的數據，或者文獻上的資料並不足夠，必需實地作出理解，最好能在不同的時段進行觀察和總結。但是坊間有些言論就是脫離現實，又或者對實地的情況了解不足，甚至對未來的規劃以至社會的變化一無所知，只抱以往的傳統智慧或市場傳言，就貿然作出置業的決定。

筆者希望本書能對讀者於置業投資的決策有所啟發，最好同時參與前作《智取筍盤——68個樓市大勢關鍵詞》，更加了解樓市理論的論述，從而能夠找到適合自己心意同時又能跑贏大市的物業。

Wealth 103

智取筍盤 2

升值地段大發現

作者	脫苦海
出版經理	呂雪玲
責任編輯	Carlos Yan、Ada Wong
書籍設計	Stephen Chan、Kathy Pun
相片提供	Getty Images、脫苦海
出版	天窗出版社有限公司 Enrich Publishing Ltd.
發行	天窗出版社有限公司 Enrich Publishing Ltd.
	香港九龍觀塘鴻圖道78號17樓A室
電話	(852) 2793 5678
傳真	(852) 2793 5030
網址	www.enrichculture.com
電郵	info@enrichculture.com
出版日期	2019年10月初版
承印	嘉昱有限公司
	九龍新蒲崗大有街26-28號天虹大廈7字樓
紙品供應	興泰行洋紙有限公司
定價	港幣 $168　新台幣 $700
國際書號	978-988-8599-20-2
圖書分類	(1)工商管理　(2)投資理財

支持環保　此書紙張經無氯漂白及以北歐再生林木纖維製造，並採用環保油墨。